Daniele Soffiati

# LUPU ULULÀ E CASTELLO ULULÌ 2

Le migliori battute del cinema



COMIX
MONDADORI

Progetto grafico e impaginazione
di Francesca Alessandrini

www.librimondadori.it

ISBN 88-04-55409-6

*Comix è un marchio registrato
della Franco Cosimo Panini Editore S.p.A.*


*I edizione marzo 2006*

orella, che hanno scovato almeno un centi-
lelle citazioni che troverete. Grazie alla mia
za, che per mesi ha sopportato improbabili
hi di coppia a base di battute cinematografi-
Per farmi perdonare, Franci, utilizzerò le
parole rivolte da Woody Allen a Diane Kea-
*Io e Annie*: "Amore è un termine troppo de-
Ecco, io ti straamo, ti adamo, ti abramo...".
azie poi agli amici Andrea Scacchetti e Fabri-
erri, che con le loro fornitissime videoteche
nali mi hanno dato una grossa mano. E gra-
fine a tutti coloro che hanno letto il primo
*ululà e castello ululì*. Se temete che questo
ndo libro possa essere meno divertente del
dente, vi posso tranquillizzare con le prime
e in assoluto del cinema sonoro, pronunciate
. Jolson ne *Il cantante di jazz*:
spettate un momento! Aspettate un momen-
on avete ancora sentito niente!".

*Daniele Soffiati*

# Lupu ululà e castello ululì 2

**INTRODU**

"Quando scrivi, sforzati di es
devi rubare, ruba ai migliori
Woody Allen all'aspirante co
*Anything Else*, ed è ciò che, pi
di fare. Per questo libro ho ra
tute, prevalentemente comi
tratte da circa 500 film. Class
movies, grandi successi com
sofisticate ed esilaranti comm
die demenziali: ce n'è per tutti

Tutte le citazioni sono tratt
1927 e il 2005, sono passati
Mi sono concesso due sole ecce
dal remake de *I ragazzi irresis*
la TV americana, e qualche str
di *Tuttobenigni 95/96*, distribu
home video. Un'appendice spec
dialoghi più divertenti di *Fran*
polavoro di Mel Brooks che, co
celebre, ha dato il titolo a quest

Non mi resta che passare
Grazie a mia madre, a mio frat

mia
naio
raga
dialo
che.
stess
ton
bole.

Gr
zio
pers
zie i
*Lup*
secc
prec
parc
da A

"A
to! I

**Il clone Ewan McGregor e Steve Buscemi:**
– Che cos'è Dio?
– Sai quando vuoi tantissimo una cosa, e allora chiudi gli occhi ed esprimi quel desiderio? Ecco, Dio è quello che ti ignora.

da *The Island* (2005)

**Henny Youngman parla della moglie:**
– Io la porto dappertutto ma lei... ritrova sempre la strada di casa!

da *Quei bravi ragazzi* (1990)

**Chris Evans/La Torcia Umana e Ioan Gruffud/Mr Fantastic:**
– Se avessimo ricevuto questi poteri per un qualche fine superiore?
– E cioè, quale? Agganciare ragazze e fare soldi?
– C'è qualcosa di meglio?

da *I Fantastici 4* (2005)

**Diane Keaton e Woody Allen:**
– Io credo di essere mezza santa e mezza vacca.
– Scelgo la metà che dà il latte!

da *Amore e guerra* (1975)

**La giornalista televisiva Anna Faris si lamenta col caporedattore Timothy Stack:**
– Questo canale parla solo di sesso, violenza e del tempo!
– Esatto. A proposito, ci serve il servizio sulla pornostar morta sotto l'uragano.

da *Scary Movie 3 – Una risata vi seppellirà* (2003)

**Al telefono, Colin Firth e Renée Zellweger:**
– Pronto?
– Sono io... volevo solo chiederti: come va?
– Tutto bene. E tu, stai bene?
– Bene, però ho continui flashback della nostra scopata di stanotte, e voglio che tu sappia che hai un sedere da urlo, Mark!
– Grazie. Ah, però sono in riunione con l'ambasciatore messicano, il direttore di Amnesty International e il sottosegretario per l'industria e il commercio... e siamo in vivavoce...

da *Che pasticcio, Bridget Jones!* (2004)

**Giovanni e il tassista Aldo:**
– Questa macchina di merda qua, ma chi è che vuoi che te la ciuli?
– Dicevi così anche di tua moglie.

da *Tu la conosci Claudia?* (2004)

**Diego Abatantuono, alias Mago di Segrate:**
– I' cercherò di lievitare, diciamo di svulazzare, dalla finestra del mio balcone. Cioè io lievitando svulazzo, però non come Icaro, che dopo è svulazzato a basso, diciamo che si è schiantato... cercherò di svulazzare come... Ilaro, il fratello, quello che svulazzava ridendo. Capisci il cuncetto?

da *Grand Hotel Excelsior* (1982)

**Priscilla Presley e Leslie Nielsen:**
– Mi hanno detto che il lavoro di polizia è pericoloso.
– È vero. Per questo ho addosso una bella canna.
– Non ha paura che possa esplodere accidentalmente?
– Ce l'ho spesso questo problema.
– E come reagisce?
– Vado a chiudermi di corsa in bagno.

da *Una pallottola spuntata* (1988)

**Il ballerino Carl Weathers e Adam Sandler:**
– Ti va un mambo?
– No, grazie, sono sazio.

da *Little Nicky* (2000)

**La hostess Julie Hagerty all'ex fidanzato Robert Hays:**
– Come potrei dimenticare le notti d'amore con te? Le mattine, i pomeriggi, le sere d'amore. Quella volta che tornai da Tokyo e lo facemmo alla giapponese, o quando tornai da Mosca, ricordi, e lo facemmo alla molotov. O quella volta che tornai da Parigi, e tu eri lì, e io ti dissi: dio, come mi ricordi la torre Eiffel!

da *L'aereo più pazzo del mondo* (1980)

**Billy Crystal ama Debra Winger. Ma lei è già sposata con un altro uomo.**
– È francese?
– Sì.
– È affascinante?
– Sì.
– È ricco?
– Sì.
– Ha una sorella?

da *Forget Paris* (1995)

**L'immortale Christopher Lambert e Roxanne Hart:**
– Io sono in vita da quattro secoli e mezzo e non posso morire.
– Ah... be', ognuno ha i suoi problemi!

da *Highlander* (1986)

**David Carradine discetta di fumetti con Uma Thurman:**

– L'elemento fondamentale della filosofia dei supereroi è che abbiamo un supereroe e il suo alter ego. Batman è di fatto Bruce Waine, l'Uomo Ragno è di fatto Peter Parker. Quando quel personaggio si sveglia al mattino è Peter Parker: deve mettersi un costume per diventare l'Uomo Ragno. Ed è questa caratteristica che fa di Superman l'unico nel suo genere. Superman non diventa Superman: Superman è nato Superman. Quando Superman si sveglia al mattino, è Superman. Il suo alter ego è Clark Kent. Quella tuta con la grande "S" rossa è la coperta che lo avvolgeva da bambino quando i Kent lo trovarono. Sono quelli i suoi vestiti. Quello che indossa come Kent, gli occhiali, l'abito da lavoro, quello è il suo costume. È il costume che Superman indossa per mimetizzarsi fra noi. Clark Kent è il modo in cui Superman ci vede. Quali sono le caratteristiche di Clark Kent? È debole, non crede in se stesso ed è un vigliacco. Clark Kent rappresenta la critica di Superman alla razza umana.

da *Kill Bill Vol. 2* (2004)

**Adriano Celentano:**

– Nella vita c'è chi sa e chi non sa. Io sa.

da *Il burbero* (1987)

**Chris Evans e Kim Basinger:**
– Come si chiama suo figlio?
– Ricky.
– Ricky come?
– Martin.
– Ricky Martin?! Ha chiamato suo figlio Ricky Martin?!!
– Non c'era ancora il cantante!

da *Cellular* (2004)

**Figlio e padre, John Larroquette e William Daniels:**
– Lo giuro sulla tomba di mia madre.
– Tua madre in questo momento sta giocando a golf.
– Parlavo usando il futuro.

da *Appuntamento al buio* (1987)

**I trentenni Kevin Costner e Sam Robards hanno abbordato due ragazze:**
– Coraggio Kenneth, non era questo che volevamo?
– Non esattamente, Garner.
– Che vuoi dire?
– Sono minorenni.
– Be', questo non ci ha mai spaventato prima.
– Eravamo minorenni anche noi!

da *Fandango* (1985)

**Il prete Derrick O'Connor cerca di convincere Ben Affleck ad abbandonare i panni del supereroe Daredevil:**

– È così che ti piace vivere? Avvocato di giorno, giudice e giuria di notte? È questo che vuoi?

– Qualcuno deve cambiare le cose.

– Perché proprio tu?

– Perché io posso, perché non ho paura.

– E io sì! Per te, Matt. Senti, un uomo senza paura è un uomo senza speranza. Il Signore ti perdoni i tuoi peccati, e ti conceda la vita eterna, amen... e poi, guarda, non mi piace neanche il costume!!

da *Daredevil* (2003)

**Il pirata Johnny Depp e Orlando Bloom:**

– Quella ragazza, quanto sei disposto a spingerti oltre per salvarla?

– Morirei per lei.

– Oh, bene, tutto a posto allora.

da *La maledizione della prima luna* (2003)

**Il sacerdote Frank Miller confessa Mickey Rourke:**

– Quante volte hai peccato, figliolo?

– Be', padre, non voglio farle fare le ore piccole, quindi la informerò sull'ultima infornata...

da *Sin City* (2005)

**Lo psicanalista Billy Crystal spiega il complesso di Edipo al paziente Robert De Niro:**
– Edipo era un re greco che uccise suo padre e sposò sua madre.
– Puah, che gentaccia!
– Ma è una spinta istintiva dello sviluppo nell'individuo! Il giovane vuole sostituire il padre al fine di possedere totalmente la madre.
– Ma... ma che stai a dire, che mi volevo scopare a mia madre?!
– No... è una fantasia primaria...
– Ma tu l'hai vista mia madre?!
– Paul... io...
– No, dico, tu sei tutto scemo!
– È Freud!
– Be' allora 'sto Freud è malato, e pure tu che gli dai retta! Puh, puah!!

da *Terapia e pallottole* (1999)

**Jason Mewes e Brian O'Halloran:**
– Senti me, mia nonna diceva sempre: meglio un fottuto, un bellissimo piatto dove non c'è un cazzo... no anzi: a che serve un bel piatto se non c'è un cazzo dentro?
– Vuol dire?
– Ma che ne so, mia nonna era arteriosclerotica, stava sempre a pisciarsi addosso.

da *Clerks – Commessi* (1994)

**Mariano D'Angelo e Enzo Salvi:**
– Oscar, stavo pensando...
– Che?
– Ma se io me trombo tu' moglie, semo parenti?
– No, semo pari.

da *Le barzellette* (2004)

**Didascalia all'inizio del film:**
– Se riuscite a leggere questo, non avete bisogno di occhiali.

da *Balle spaziali* (1987)

**Fiona vuole far conoscere i propri genitori a Shrek:**
– Vogliono darti la loro benedizione.
– Oh,fantastico! Ora ho bisogno della loro benedizione?
– Be', se vuoi far parte di questa famiglia, sì!
– E chi dice che voglio far parte di questa famiglia?
– Ehm... tu l'hai detto. Quando mi hai sposata.
– Sarà stata una clausola a caratteri minuscoli!

da *Shrek 2* (2004)

**Madonna e il gay Rupert Everett, genitori loro malgrado:**

– Un figlio come padre vuole un modello che stia in alto.

– Metterò i tacchi a spillo.

da *Sai che c'è di nuovo?* (2000)

**Al ristorante, Ashton Kutcher risponde alle domande della futura cognata e del futuro suocero, correggendo la risposta della fidanzata:**

– Da quanto tempo state insieme?

– Sei mesi.

– Cinque mesi.

– Cinque o sei?

– Be', Theresa conta dal giorno che ci siamo conosciuti, e io conto dalla prima scop... Allora, com'è il pollo qui?

da *Indovina chi* (2005)

**Denzel Washington, bazooka alla mano, si accinge a fare strage di malviventi. L'anziano Enrique Cimet cerca di fargli cambiare idea:**

– In chiesa dicono che bisogna perdonare.

– Il perdono è una cosa fra loro e Dio. Io provvedo a organizzare l'incontro.

da *Man on Fire – Il fuoco della vendetta* (2004)

**Roberto Benigni:**
– Ci sono due cose che mi piacciono proprio tanto nella vita. La seconda è viaggiare.

da *Tuttobenigni 95/96* (1995)

**Il tenente Gary Sinise e il soldato semplice Tom Hanks:**
– Tu lo hai già trovato Gesù, Gump?
– Dovevo cercarlo? Non lo sapevo, signore!

da *Forrest Gump* (1994)

**Roshan Seth e Harrison Ford:**
– Dottor Jones, tutti possiamo essere vittime di malevoli pettegolezzi. Se non ricordo male, in Honduras lei fu accusato di essere un profanatore di tombe anziché un archeologo.
– Be', in quell'occasione i giornali ingigantirono molto l'incidente.
– E non fu il Sultano del Madagascar che minacciò di tagliarle la testa se avesse rimesso piede nel suo paese?
– Non si trattava della testa.
– Allora la sua mano, magari?
– No, no, non era la mano. Era il mio... Fu tutto un equivoco!

da *Indiana Jones e il tempio maledetto* (1984)

**Willie Nelson:**
– Sapete che succede se date del Viagra a un politico? Diventa più alto!

da *Hazzard* (2005)

**Voce fuori campo di Silvio Orlando:**
– L'unica regola delle storie d'amore: perché qualcuno sia felice, qualcun altro deve piangere. È come una matematica dei sentimenti, un più e un meno che si sommano e si sottraggono all'infinito e che, pur lasciando tutto uguale in termini generali, producono combinazioni particolari sempre diverse... come i film, che raccontano le stesse storie da cent'anni, ma uno al cinema ci va lo stesso, perché spera sempre nella sorpresa...

da *Dopo mezzanotte* (2004)

**I novelli sposi Alyson Hannigan e Jason Biggs:**
– Come ha fatto un piccolo pervertito come te a diventare un vero uomo?
– Ah, e come ha fatto una piccola ninfomane come te a diventare una vera donna?
– Sono ancora ninfomane.
– E io sono ancora un pervertito.
– Lo so: siamo una coppia perfetta!

da *American Pie – Il matrimonio* (2003)

**Rebecca Romijn-Stamos e il vendicatore Tom Jane:**
– Te ne vai?
– Ho molto lavoro. Leggi bene i giornali, te ne accorgerai.
– Quale sezione?
– Sempre i necrologi.

da *The Punisher* (2004)

**Richard Harris/Albus Silente assaggia una caramella dal gusto imprevedibile, "Tuttigusti + 1":**
– Ah, gelatine! "Tuttigusti + 1"! Sono stato molto sfortunato da giovane: ne ho trovata una al gusto di vomito, e da allora per me hanno perso ogni attrattiva. Ma credo che andrò tranquillo con una caramella mou... Ahimè, cerume!

da *Harry Potter e la pietra filosofale* (2001)

**Consigli del maestro di seduzione Will Smith al goffo Kevin James:**
– Un ballo, uno sguardo, un bacio, sono occasioni uniche. E basta una sola sciocchezza per fare la differenza tra un "e vissero felici e contenti" e "oh, è solo un tale, che ho visto non so dove, una volta...". Chiaro?!

da *Hitch – Lui sì che capisce le donne* (2005)

**Al bar, l'igienista Ben Stiller e Jennifer Aniston:**
– Che cosa fai?!
– Sto, sto per... per mangiare delle noccioline.
– Non si mangiano le noccioline nei bar, tutti lo sanno!
– Ma di che stai parlando?
– D'accordo, diciamo che mediamente, non so, diciassette persone le mangiano in una data sera, va bene? Se sono qui da due settimane stiamo parlando di circa duecentotrentotto persone che hanno messo le mani lerce lì dentro.
– Lerce? Perché... perché hanno le mani lerce?
– È dimostrato che solo una persona su sei si lava le mani quando va in bagno...
– Oh!
– Già. Quando credi di mangiare degli innocenti salatini, in realtà ingerisci dei batteri potenzialmente micidiali da circa trentanove zozze mani di estranei. Perché mi sono beccato l'escherichia coli, uno si domanda, o la salmonellosi o l'epatite? Deve solo guardare nella ciotola dei salatini del suo bar!

da *... E alla fine arriva Polly* (2004)

**Kim Basinger e Jack Nicholson/Joker:**
– Lei è un folle!
– Ah, e io che pensavo di essere un Ariete.

da *Batman* (1989)

**Consigli di Kris Kristofferson a N'Bushe Wright, morsa da un vampiro:**
– Si compri una pistola. Se comincia a diventare sensibile alla luce del sole, se scopre di avere sete nonostante abbia già bevuto, le suggerisco di usarla su se stessa. Sarà sempre meglio dell'alternativa.

da *Blade* (1998)

**L'hacker David Strathairn e l'agente dell'FBI James Earl Jones:**
– Io voglio pace in terra per gli uomini di buona volontà.
– Noi siamo il governo degli Stati Uniti d'America: non facciamo queste cose.

da *I signori della truffa* (1992)

**Dominique Pinon e Isabelle Nanty:**
– Com'è bella, Georgette, quando arrossisce! Sembra un fiore di campo.
– No... è l'effetto dell'aerofagia!

da *Il favoloso mondo di Amélie* (2001)

**Il cameriere Mel Brooks serve l'ultima cena a Gesù e agli apostoli. E domanda:**
– Siete tutti insieme o volete conti separati?

da *La pazza storia del mondo* (1981)

**Margot Kidder/Lois Lane offre da bere a Christopher Reeve/Superman:**
– Un bicchiere di vino ?
– No, non bevo mai quando volo.

da *Superman* (1978)

**Michelle Pfeiffer:**
– Un uomo riesce a fare pace con il sesso. Per una donna il sesso non esiste finché non ha fatto pace.

da *Storia di noi due* (1999)

**Christina Ricci a Jason Biggs:**
– Sono cotta di te da quando ci siamo conosciuti. Non l'hai capito da come ti ignoravo?

da *Anything Else* (2003)

**James Marsden e Famke Janssen:**
– Sembri diversa.
– La mia telepatia mi dà problemi da qualche tempo. Non riesco a concentrarmi.
– Jean, non è soltanto la tua telepatia. Un mese fa ti sei dovuta concentrare solo per far levitare un libro o una sedia. Adesso quando hai un incubo trema tutta la camera da letto!

da *X-Men 2* (2003)

**Dwier Brown e la sua idea di Dio:**
– Stare seduto lassù a guardare in basso seguitando a ripetere: "Lo sapevo, lo sapevo, lo sapevo, lo sapevo...". Che vita noiosa!

da *Planet of Love – Galassie in collisione* (1992)

**Manuel Maggioli, detto "Bonanza", e Stefano Accorsi:**
– Quante volte ve lo devo dire? La vita non è perfetta! Le vite nei film sono perfette, belle o brutte, ma perfette. Nei film non ci sono tempi morti. La vita è piena di tempi morti. Nei film sai sempre come va a finire. Nella vita non lo sai mai!
– Oh, Bonanza, vai a cagare, va bene? Non si capisce un cazzo di quello che dici!

da *Radiofreccia* (1998)

**Jerry Calà festeggia a champagne il ritorno del fratello Christian De Sica. Il padre Ugo Bologna non gradisce:**
– Uè, deficiente, vuoi smettere di fare l'Aga Khan coi soldi di tuo padre?!
– Oh, matusa, ma come: il brother torna dopo un anno e tu fai il barbone? Vabbè, dai, fammi un prestito e te li ridò quando becco l'eredità!

da *Sapore di mare* (1983)

**Harrison Ford e Alec Guinness:**
– Han Solo, sono il comandante del *Millenium Falcon*. Chube dice che state cercando un passaggio per il sistema di Alderan.
– Sì esatto, se la tua nave è veloce.
– Cosa? Come? Non hai mai sentito nominare il *Millenium Falcon*?
– Veramente no.
– È la nave che ha fatto la rotta di Kessel in meno di dodici Parsec!

da *Guerre stellari* (1977)

**Il vampiro Salma Hayek tenta di impaurire George Clooney minacciandogli un'eternità d'inferno:**
– Benvenuto nel mondo degli schiavi.
– No, grazie, ho già avuto una moglie.

da *Dal tramonto all'alba* (1996)

**Winona Ryder e Anthony Hopkins:**
– Come è morta Lucy?
– Be'...
– Ha sofferto molto?
– Sì, ha sofferto molto, ma poi le abbiamo tagliato la testa, conficcato un paletto nel cuore e l'abbiamo arsa. Finalmente ha trovato la pace!

da *Dracula* (1992)

**Claire Danes e il Terminator Arnold Schwarzenegger:**
– Vaffanculo, brutto stronzo!
– Non sono programmato a tal fine.

da *Terminator 3* (2003)

**Fratello e sorella ventenni. Silvio Muccino e Nicoletta Romanoff:**
– Valentina, dimmi la verità, che pensi di me? Come sono visto da fuori?
– Lo sai cosa penso di te.
– Dimmelo ancora.
– Penso che sei anonimo e inespressivo, quando parli sembra che c'hai uno strofinaccio in bocca e non si capisce un cazzo, non ti lavi e ti vesti da sfigato di sinistra quando il mondo va tutto da un'altra parte. Questo penso.
– Nient'altro?
– No, a posto così.

da *Ricordati di me* (2003)

**Confidenze di una passeggera a un'amica:**
– Gli ho detto: aspettiamo un bambino. Lui ha detto: aspettalo tu, io vado!

da *L'aereo più pazzo del mondo... sempre più pazzo* (1982)

**Will Ferrell e Amanda Peet:**
– Hai l'impressione che non comunichiamo più?
– Certo che comunichiamo! Possiamo non parlarne?

da *Melinda e Melinda* (2004)

**Nicole Kidman tenta di sedurre Val Kilmer/ Batman:**
– Perché mi attacco sempre al ragazzo sbagliato? Al liceo erano i bulletti con gli orecchini, all'università i motociclisti col giubbotto di cuoio, e adesso... oh... pettorali di gomma!
– Provi con un pompiere: fa prima a spogliarlo.

da *Batman Forever* (1995)

**John Mahon, primo avvistatore della meteora che minaccia di distruggere la Terra, e Billy Bob Thornton, dirigente della NASA:**
– Chi scopre la meteora sceglie il nome, è esatto?
– Sì, è così, è esatto.
– Voglio chiamarla Dotty, come mia moglie: stramaledettissima vipera velenosa dalla quale non esiste scampo!
– È un pensiero affettuoso!

da *Armageddon – Giudizio finale* (1998)

**Vittoria Puccini e Paolo Briguglia:**
– Ma vuoi che ti dica che ti amo? Vuoi che te lo dica anche se è una bugia?
– Se ti va.

da *Ma quando arrivano le ragazze?* (2005)

**L'astrologa Mallory Sandler legge l'oroscopo ai telespettatori:**
– Bene, se tu sei bilancia e stai pensando di fare quel bell'acquisto, lascia stare per un po' di giorni. Non scordarlo, la tua luna è in sagittario. Infatti non è tempo di sperperare soldi. Tu, vergine, devi temere una morte prematura, o forse il tragico smembramento di qualcuno a te molto vicino. Pesci, è un buon momento per togliere il tubo alla macchina che ha tenuto vostra figlia in vita negli ultimi sei mesi. Se sei toro, addio lavoro. Se siete gemelli come me, be', dovete aspettarvi l'inaspettato. Sono Joyce Wilson, la vostra astrologa...

da *Ridere per ridere* (1977)

**In casa, Breckin Meyer e il gatto Garfield:**
– Un topo!
– No, grazie, sono pieno.

da *Garfield - Il film* (2004)

**Dialogo fra mafiosi, a proposito di Forest Whitaker/Ghost Dog:**
– Si chiama Ghost Dog, è uno di quei nomi che si danno questi negri del cazzo: Ghost Dog, Snoopy Doggy Dog, Ice T, Ice Cube... come gli indiani: Toro Seduto, Nuvola Rossa, Cavallo Pazzo...
– Massì, queste minchiate di nomi... Frank! Chiamami Johnny il Ciccione, Ricki la Puzzola e Billy Orecchio e andatemi a pescare 'sto negro!

da *Ghost Dog – Il codice del samurai* (1999)

**Il professore Silvio Orlando descrive l'alunno primo della classe Astariti:**
– Astariti non è bravo, è un "primo della classe". Astariti non c'ha i capelli tagliati alla mohicana, non si veste come il figlio di uno spacciatore, non si mette le scarpe del fratello che puzzano. Astariti è pulito, perfetto. Interrogato, si dispone a lato della cattedra senza libri, senza appunti, senza imbrogli. Ripete la lezione senza pause: tutto quello che mi è uscito di bocca, tutto il fedele rispecchiamento di un anno di lavoro! Alla fine gli metto 8, ma vorrei tagliarmi la gola! Astariti è la dimostrazione vivente che la scuola italiana funziona con chi non ne ha bisogno!

da *La scuola* (1995)

**Gli arrapatissimi Nerds Robert Carradine e Anthony Edwards vanno all'"Adams College":**
– Ricorda, ci sono 6127 studenti all'"Adams", e il 58% sono ragazze.
– E allora?
– Allora fanno 7107,32 capezzoli!!

da *La rivincita dei Nerds* (1984)

**Campbell Scott, Isabella Rossellini e Ben Shenkman:**
– Qual è l'apparato più sensibile della vagina?
– Oh, il quiz si fa spinto... spero che tu lo sappia, Donovan.
– È la clitoride, scoperta da Rinaldo Colombo nel 1559.
– Che all'inizio pensava fosse l'India.

da *Roger Dodger* (2002)

**Adam Sandler e l'amico addestratore di delfini Rob Schneider:**
– Ti dispiace pulire la piscina? E se quello è uno dei tuoi pasticcini all'hashish, sta' attento che i delfini non l'assaggino.
– E secondo te, come li convinco i delfini a fare il doppio salto mortale e a giocare coi ragazzini?

da *50 volte il primo bacio* (2004)

**L'integralista cattolico dello Yorkshire Michael Palin ai suoi tantissimi figli:**

– La fabbrica ha chiuso. Non ho più un lavoro. Siamo sul lastrico. Entrate amorucci miei. Non ho altra scelta che vendervi tutti per esperimenti scientifici, figlioli.

– Nooo!

– Oh, no, è così, amori miei. Prendetevela con la Chiesa, che non vuole che metta uno di quei cosini di gomma. Oh, hanno fatto cose meravigliose a suo tempo: hanno preservato la potenza, la maestà e anche il mistero della Chiesa di Roma, la santità dei sacramenti e l'indivisibile unità della Trinità. Ma se mi avessero lasciato mettere uno di quei cosini di gomma sull'uccello, ora non ci troveremmo nei guai!

da *Monty Python – Il senso della vita* (1983)

**Leslie Nielsen spiega il proprio piano di fuga dal carcere:**

– Convinsi Rocco a scavare un tunnel. O così o con il furgone della lavanderia, ma pensare di sdraiarsi fra le mutande a naso in giù sulle strisciate di merda non mi lasciava un buon sapore in bocca...

da *Una pallottola spuntata 33 e 1/3 – L'insulto finale* (1994)

**Renato Pozzetto si laurea in medicina, con qualche perplessità del relatore:**
– Lei ci ha presentato una tesi a dir poco indecente.
– Parli più piano, c'è mio papà.
– Fino a pagina 50 è un guazzabuglio che sembra scritto da un infermiere, non da un medico. E anche la qualità delle fotocopie è scadentissima!
– Oh, come mai? Un po' di umidità forse.
– Guardi, noi le consigliamo di ritirarsi e di presentare una nuova tesi l'anno prossimo.
– Altrimenti?
– Altrimenti... la proclamo Dottore con il minimo dei voti: 66 su 110. Ci pensi bene.
– Eh... proclami! Facciamo 70 e non se ne parli più, eh, d'accordo?

da *Sette chili in sette giorni* (1986)

**Ale:**
– Confondo sempre destra con sinistra, io. Una volta ho sbagliato anche a votare!

da *La terza stella* (2005)

**John Lynch alla fidanzata Gwyneth Paltrow:**
– Le donne non chiedono. Loro insinuano!

da *Sliding Doors* (1998)

**Richard Crenna a Brian Dennehy:**
– Sembra che lei non voglia accettare il fatto di avere di fronte un esperto in tecniche di guerriglia, un uomo che è il migliore con i fucili, con i coltelli, a mani nude anche. Un uomo addestrato a ignorare il dolore, a ignorare il freddo, a vivere di quello che trova, a mangiare cose che farebbero vomitare una capra. In Vietnam il suo compito era di sbarazzarsi del nemico, di uccidere, punto e basta, di vincere aggredendo... be', Rambo era il migliore.

da *Rambo* (1982)

**Antica Roma. Christian De Sica e la prostituta Anna Falchi:**
– Come ti chiami?
– Sono Poppea.
– Nome d'arte!
– Sì, di mio faccio Pomponia.

da *S.P.Q.R. - 2000 e 1/2 anni fa* (1994)

**Roy Scheider risponde alla moglie Lorraine Gary, prima di imbarcarsi nella titanica caccia allo squalo:**
– Che cosa dico ai ragazzi?
– Digli che sono andato a pesca.

da *Lo squalo* (1975)

**Chris O'Donnel/Robin chiede a George Clooney/Batman di utilizzare la Bat-mobile**
– Voglio un'automobile. Alle donne piace.
– Ecco perché Superman lavora solo.

da *Batman & Robin* (1997)

**Jodie Foster alle "colleghe" prostitute:**
– C'è solo un tipo di amore che regge: è l'amore non corrisposto.

da *Ombre e nebbia* (1992)

**Il gay Fabio Grossi e il fratello maggiore Diego Abatantuono, davanti alla foto del padre defunto:**
– Io sono pronto!
– Ma come ti sei conciato? E che è, un vestito di Luigi 113 questo?!
– Perché?
– Non andiamo mica a ballare il minuetto, andiamo in discoteca. Guarda che così le galline non ti cacano neanche.
– Ah, ma guarda che le galline non mi interessano mica, sai!
– Maronna, babbo, guarda: non è venuto né carne né pesce, né maschio né femmina. È ibrido! C'è il babbo che si sta ribaltando dentro la tompa!

da *I fichissimi* (1981)

**Radha Mitchell e Vin Diesel:**
– Avanti Riddick. In qualche angolo riposto ci sarà ancora una scintilla di umanità in te.
– Se c'è non brilla abbastanza.

da *Pitch Black* (2000)

**Ciuchino e Shrek devono entrare nel castello e salvare la principessa Fiona:**
– Dov'è questa rottura di scatole dall'alito di fuoco?
– Dentro, attende che noi la salviamo!
– Parlavo del drago, Shrek!

da *Shrek* (2001)

**Woody Allen:**
– Non c'è niente di male nella scienza. Io preferisco... Tra l'aria condizionata e il Papa, scelgo l'aria condizionata.

da *Harry a pezzi* (1997)

**Kate Beckinsale e il cacciatore di mostri Hugh Jackman:**
– Tu fai troppe domande.
– Di solito ne faccio solo due: con chi ho a che fare? E, come lo uccido?

da *Van Helsing* (2004)

**Supereroi in incognito, Mamma Elastgirl e il figlioletto Flash:**
– In questo momento, tesoro, il mondo vuole che ci adeguiamo, e per adeguarci dobbiamo essere come tutti gli altri.
– Ma papà dice di non vergognarci dei nostri poteri, i nostri poteri ci rendono speciali.
– Tutti sono speciali, Flash.
– Che sarebbe come dire che non lo è nessuno.

da *Gli Incredibili* (2004)

**Michelle Pfeiffer torna a casa:**
– Tesoro, sono io! Ah, dimenticavo, non sono sposata.

da *Batman - Il ritorno* (1992)

**Pierce Brosnan all'habituée di chirurgia estetica Frances Fisher:**
– Hai davvero 56 anni?
– Alcune parti di me sì.

da *Laws of Attraction - Matrimonio in appello* (2004)

**Billie Zöckler:**
– Una casalinga ricca non è una casalinga: è una ricca.

da *Money* (1989)

**Massimo Troisi e la fidanzata Fiorenza Marchegiani, che non sa di quale uomo è rimasta incinta:**
– Ma comme putesse fa' pe' essere sicuro ca 'stu figlio è mio?
– Puoi aspettare che cresca. Se assomiglia a uno stronzo allora è figlio tuo.

da *Ricomincio da tre* (1981)

**Nel 2173, Diane Keaton e Woody Allen:**
– Com'è che non sei attratto da me? Sai io... gli uomini impazziscono per me: ho un gran fisico io! Ho anche una laurea in sesso orale.
– Ci avrai certo abbinato una lingua.
– Che cosa?
– Be', non lo so... io mi sono laureato in lettere e ci avevo abbinato "semantica prepuziale". Era una specializzazione così richiesta...

da *Il dormiglione* (1973)

**Diego Abatantuono si compiace della propria velocità al volante:**
– Maronna, guarda che media: è così alta che sembra un liceo! Io alla guida c'ho dieci con Lauda!

da *Viuuulentemente mia* (1982)

**Peter Graves:**
– Signore e signori, buonasera, è il capitano Oveur che vi parla e che vi dà il benvenuto a bordo del volo 209 per Chicago. L'arrivo è previsto per le ore 22.45, stiamo volando a un'altezza di 12.000 metri, la temperatura esterna è di venti gradi centigradi, il tempo è nuvoloso, abbiamo il 20% di possibilità di precipitare... ehm... di precipitazioni...

da *L'aereo più pazzo del mondo* (1980)

**Mike Myers:**
– Non c'è niente di più patetico di un anticonformista che invecchia.

da *Austin Powers – Il controspione* (1997)

**Cliff Robertson/Zio Ben a Tobey Maguire/ Peter Parker:**
– Ricordati sempre: da grandi poteri, derivano grandi responsabilità.

da *Spider-Man* (2002)

**Vittorio Gassman:**
– Il sesso, le cosce, due belle chiappe: ecco la sola religione, la sola idea politica, la vera patria dell'uomo.

da *Profumo di donna* (1974)

**Il fascista Ugo Tognazzi e l'antifascista Georges Wilson, alias Professor Bonafè:**
– Secondo voi, cos'è la libertà?
– La libertà è venire da me che sono, mettiamo, capo del governo, aprire la porta e dire: "Bonafè è un fetente". Lei può fare questo, adesso?
– Ma certo. Vado da Mussolini, apro la porta e dico: "Bonafè è un fetente".

da *Il federale* (1961)

**Gian Maria Volonté legge sul giornale, e poi commenta, una notizia proveniente dallo zoo di Stoccolma:**
– "Scimpanzé crede davvero di essere un uomo". Povera bestia.

da *La classe operaia va in Paradiso* (1971)

**Fabio Volo si confida con un'amica:**
– Mi sembra di impazzire, oh! Se mi dedico alla famiglia perdo il lavoro, se mi dedico al lavoro perdo la famiglia. Io non so più che cazzo fare!
– Ora capisci le donne: se la diamo siamo delle zoccole, se non la diamo siamo delle stronze. Cosa dobbiamo fare? Darla a metà?

da *Casomai* (2002)

**Kristin Scott Thomas e Rowan Atkinson:**
– Di cosa ti occupi?
– Molto presto prenderò i voti.
– Oh, Dio del cielo! Celebri i matrimoni?
– No, non ancora purtroppo. Ma potrò farlo, un giorno. Sono emozionato al solo pensiero!
– Già! Dev'essere come la prima volta che si fa sesso.
– Eh... può darsi... suppongo di sì.
– Però ci si sporca di meno e non c'è bisogno di ricordarsi dei preservativi!

da *Quattro matrimoni e un funerale* (1994)

**Al bar: Bombolo, il barista e Cannavale:**
– Senta un po': c'ha il caffè freddo?
– Sì.
– Ce ne riscalda due?

da *La sai l'ultima sui matti?* (1982)

**Humphrey Bogart consegna Mary Astor alla polizia:**
– Sì, tesoro, ti faccio andare in vacanza. Avrai qualche speranza di salvare la vita: il che vuol dire che se fai la brava ci rivedremo più o meno fra una ventina d'anni. Se invece t'impiccano, ti ricorderò per sempre.

da *Il mistero del falco* (1941)

**Gli infermieri John Cleese e Graham Chapman suonano alla porta di Terry Gilliam:**
– Salve, possiamo avere il suo fegato?
– Cosa?
– Il suo fegato.
– Eh?
– È un grosso organo glandolare nel suo addome... sa, è marrone e rossastro, è una specie di...
– Sì, lo so che cos'è, ma insomma... insomma io lo uso!
– Avanti, signore, la smetta! Non faccia tante storie, su, forza!
– Mi lasci!
– Ecco qua, e questo cos'è?!
– La tessera di donatore di fegato.
– E le sembra poco?
– Sentite, non posso darvelo adesso: c'è scritto "in caso di morte"!
– Nessuno di quelli ai quali abbiamo tolto il fegato è mai sopravvissuto...

da *Monty Python – Il senso della vita* (1983)

**Ospitalità di Sharon Stone a Halle Berry/ Catwoman:**
– Scusami, dimenticavo le buone maniere. Gradisci qualcosa in particolare? Una scatoletta di tonno, un po' di latte?

da *Catwoman* (2004)

**Carlo Verdone/Furio si informa prima di mettersi in viaggio:**

– Pronto, parlo col servizio percorribilità strade? Ah, buongiorno, senta: io sono un socio Aci, numero di tessera 917655/ut, come Udine – Torino. La disturbavo per avere qualche delucidazione dato che mi devo recare a Roma a votare. Senta, ho sentito dal bollettino dei naviganti che è in arrivo un'aria depressionaria di 982 millibar, e questo purtroppo mi è anche confermato da un fastidiosissimo mal di testa che sopraggiunge ogniqualvolta c'è un brusco calo di pressione. D'altro canto, caro amico, questo è il prezzo che dobbiamo pagare noi meteoropatici. Senta, io le domandavo questo: secondo lei, partendo fra circa 3 minuti, e mantenendo una velocità di crociera di circa 80/85 km orari, secondo lei faccio in tempo a lasciarmi la perturbazione alle spalle diciamo nei pressi di... Parma?

– Ma va a cagher!

– Pronto? Pronto? Aci pronto? Che strano, deve essere caduta la linea...

da *Bianco, rosso e Verdone* (1981)

**Ugo Tognazzi:**

– Donna incazzata, mezzo ciulata.

da *La stanza del vescovo* (1977)

**Nell'antica Roma, il politeista Mel Brooks:**
– Avete sentito della nuova setta, i Cristiani? Sono dei sovversivi da ridere! Sono talmente poveri, che hanno un unico dio!

da *La pazza storia del mondo* (1981)

**Al Pacino parla di Michelle Pfeiffer:**
– Elvira è sempre in ritardo: passa metà della sua vita a vestirsi e l'altra metà a spogliarsi.

da *Scarface* (1983)

**Tom Green e Leslie Mann:**
– Prima di cominciare, però, promettiamo di non dire più brutte cose l'un l'altra come al solito.
– Io non ho mai detto brutte cose sul tuo conto.
– Troia bugiarda!

da *110 e frode* (2002)

**Eileen Brennan e Peter Falk:**
– Ma non ti fidi di me, Sam?
– Fidarmi? L'ultima volta che mi sono fidato di una pupa è stato nel '40. È uscita dicendo che andava a comprare un fiasco di vino. Due ore dopo i tedeschi invadevano la Francia!

da *Invito a cena con delitto* (1976)

**Il professore Enzo Robutti e lo studente Alvaro Vitali:**
– Siediti!
– Sì.
– Adesso ti farò un piccolo esame, per valutare il tuo grado di preparazione... Quando è morto Alessandro Manzoni?
– No! È morto Alessandro Manzoni? Poveraccio, io non sapevo manco che stava male!

da *Pierino colpisce ancora* (1982)

**Il consiglio del dietologo:**
– Quando bisogna mangiare da McDonald's? Solo se si è su un'isola deserta, si è stati bombardati con l'antrace o è l'unico cibo disponibile.

da *Super Size Me* (2004)

**Woody Allen ha appena scoperto di essere sterile, e la moglie Mia Farrow gli pone una domanda:**
– Ti puoi essere rovinato in qualche modo?
– Ma come ho fatto a rovinarmi, che significa rovinarmi?
– Non lo so... eccesso di masturbazione?
– Ehi, ora vuoi rovinare i miei hobby?!

da *Hannah e le sue sorelle* (1986)

**Vince Vaughn e Isla Fisher:**
– Gloria, è da un po' che mi sto guardando dentro, e io credo di essere pronto a portare questo rapporto, il nostro rapporto, al livello successivo... a quello che dovrebbe essere il livello successivo, in un rapporto...
– Jeremy, Jeremy!
– Sei contenta?
– Anch'io voglio portarlo al livello successivo! Vuoi guardarmi con una donna? Che ne dici di quelle gemelle brasiliane che abbiamo conosciuto alla partita?
– Io, io ero... ero più orientato verso il genere fi... fi... fidanzamento... ma è un'idea fantastica!

da *2 single a nozze – Wedding Crashers* (2005)

**Diego Abatantuono ai fratelli:**
– Io vedo tutto, sento tutto, c'ho gli occhi dappertutto, pure dietro la testa, come i camaleonti. Anzi, come i Dik Dik!

da *I fichissimi* (1981)

**Un paziente e il medico Alvaro Vitali:**
– Dotto', me puzza tanto il fiato, che devo fare?
– Tira la catena!

da *Pierino medico della S.A.U.B.* (1981)

**Robert De Niro:**
– Quella fu l'unica volta che mio padre si accorse di me. Sì, di solito era troppo occupato nel parco a giocare a rugby con mia sorella Rose. Eh, ma oggi devo dire che per merito di quelle ore di allenamento, mia sorella Rose è diventata un gran bell'uomo!

da *Re per una notte* (1983)

**Gli ex fidanzati Nastassja Kinski e Billy Crystal si rivedono dopo anni:**
– Immagino che sarai sposato.
– Sì, da otto anni.
– Oh!
– Sì: quattro anni con la prima, tre con la seconda e quella attuale è già un anno.

da *Due padri di troppo* (1997)

**I poliziotti Leslie Nielsen e Robert Kennedy parlano di un ex pugile coinvolto in giri equivoci:**
– La zona a luci rosse... Mi domando perché Savage bazzichi da quelle parti.
– Sesso, Frank?
– No, non adesso Ed. Dobbiamo lavorare.

da *Una pallottola spuntata 2 e 1/2 – L'odore della paura* (1991)

**Anna Faris e George Carlin, nella scena-parodia dell'horror "The Ring":**
– Chi è quella ragazzina?
– Ok, ok... mia moglie ed io volevamo un figlio, ma lei non riusciva a rimanere incinta, e nemmeno io.
– Così l'avete adottata.
– Noi amavamo nostra figlia, ma lei era perfida: faceva impazzire i cavalli, uccideva i nostri cuccioli, nascondeva il telecomando. Un roba perversa! Mia moglie la portò nella fattoria di famiglia e la legò nel pozzo. Per me anche un semplice castigo sarebbe stato sufficiente... ma Tabitha impresse la sua perfidia in una videocassetta. Io non volevo che andasse in giro così ma...
– Ma cosa?
– L'ho messa nella custodia sbagliata e l'ho restituita a Blockbuster...

da *Scary Movie 3 – Una risata vi seppellirà* (2003)

**Il vecchio saggio cinese Keye Luke e Robert Picardo:**
– Un uomo può sempre accordarsi con gli altri. È molto più difficile che sia d'accordo con se stesso.
– Bella battuta. Confucio o Bruce Lee?

da *Gremlins 2 – La nuova stirpe* (1990)

**Il sergente istruttore Lee Ermey agli allievi marines:**
– Oggi è il Santo Natale. Il grande varietà religioso comincerà alle ore nove e trenta: il cappellano Charlie vi farà sapere come il mondo libero riuscirà a far fuori il comunismo con l'aiuto di Dio e di alcuni marines.

da *Full Metal Jacket* (1987)

**A Natale, il cantante Bill Nighy abbandona la festa di Elton John e raggiunge il manager Gregor Fisher:**
– Mi sono reso conto che il Natale è un momento da passare con le persone che ami.
– Bello.
– E allora mi sono reso conto dell'amara realtà e del tragico casino in cui mi trovo. Sì, eccomi qui a più di cinquant'anni, e senza neanche accorgermene ho passato la maggior parte della mia vita con un manager ciccione. E per quanto mi dispiaccia dirlo, può darsi che la persona che io amo veramente sia... tu.
– Be', questa è una sorpresa.
– Sì.
– Dieci minuti a casa di Elton John e sei diventato frocio!

da *Love Actually* (2003)

**Roberto Benigni:**
– Cosa sarebbe l'Italia senza la Toscana? L'Emilia Romagna sbatterebbe nell'Umbria, la Liguria scivolerebbe nel Lazio: ci sarebbe un capovolgimento totale!

da *Tuttobenigni* (1986)

**Henny Youngman a proposito della moglie:**
– Le ho chiesto: dove vuoi andare per il tuo compleanno?
Lei fa: in un posto dove non sono mai stata.
E io: prova a entrare in cucina!.

da *Quei bravi ragazzi* (1990)

**Paolo Rossi:**
– C'è una differenza fondamentale tra noi e i cammelli: che i cammelli sembrano stupidi, ma in effetti lo sono. Ma loro lo diventano per via genetica, mentre invece noi lo diventiamo a tappe. Anche se poi non diventeremo mai dei cappotti, e quindi non conosceremo mai l'umiliazione di passare il resto dei nostri giorni andando su e giù per via Montenapoleone indossati da un imbecille che cerca la camicia giusta.

da *I cammelli* (1988)

**Chris Elliott parla degli uomini dopo il momento dell'orgasmo:**

– Il momento più sincero, nella vita di un uomo, è rappresentato da quei pochi minuti dopo essersi scaricati. Questo è clinicamente testato. E il motivo è perché non stai più cercando di farti una scopata, stai veramente... stai pensando come una donna! E le donne ci vanno matte!

da *Tutti pazzi per Mary* (1998)

**Fantozzi e Filini vanno a caccia. La voce fuori campo di Paolo Villaggio descrive i rispettivi abbigliamenti:**

– Abbigliamento di Filini: berrettone alla Sherlock Holmes con penna alla Robin Hood, poncho argentino di una sua zia ricca, scarpe da tennis con sopra galoches, carte topografiche e trombone da brigante calabrese. Fantozzi: berretto bianco alla marinara di sua figlia Mariangela, giacca penosamente normale stretta in vita da gigantesca cartucciera da mitragliatrice residuato della Seconda guerra mondiale, fionda elastica, siero antivipera a tracolla, gabbietta con canarino da richiamo e gatto randagio da riporto, subito fuggito durante le operazioni di partenza...

da *Il secondo tragico Fantozzi* (1976)

**Al ristorante, Gigi Proietti e Giuseppe D'Aloia:**
– Buongiorno, lei è il proprietario?
– Sì.
– Eh, senta, io ho mangiato nel suo ristorante, bene. Adesso, se io je dico che non c'ho 'na lira per pagà il conto, lei che fa?
– Io te do subito otto calci sulle palle!
– Caro, eh! Molto caro, perché qua dietro, alla trattoria "Da Romoletto", con tre calci nelle palle, io magno primo, secondo, contorno, dessert, bignè, frappè, bocconotti, frutta a piacere, caffè con schizzo, ammazzacaffè, pane e coperto!

da *Le barzellette* (2004)

**Ben Stiller e l'anziana Eileen Essel:**
– Questo pappagallo è magnifico.
– Non è un pappagallo, caro, è un macao. Gli ho dato il nome del mio defunto marito, Richard. È stato il mio unico uccello per quarant'anni...

da *Duplex – Un appartamento per tre* (2003)

**Totò:**
– Sono vent'anni che lei dice di essere un perito, ma non perisce mai. Ma perisca una buona volta, mi faccia il piacere!

da *Chi si ferma è perduto* (1960)

**I neosposi coatti Carlo Verdone e Claudia Gerini:**
– Se t'uscisse fori un maschio, me piacerebbe chiamallo o Alan... o Kevin. Mejo Kevin.
– Pe' Costner?
– Più che pe' Costner lo faccio perché è un nome che mi dà un senso di rispetto, hai capito?

da *Viaggi di nozze* (1995)

**Lo specchio magico presenta a Lord Farquaad due possibili spose:**
– Siediti e mettiti comodo, mio signore, perché è il momento questo di conoscere le migliori scapolottine! Eeeccole qua: la scapolottina numero uno è una reclusa mentalmente plagiata di un regno molto molto lontano. Le piacciono il sushi e l'idromassaggio, a volontà. I suoi hobby: cucinare e rassettare per le sue due sorelle cattive. Signore e signori: Cenerentola! La scapolottina numero due è una ragazza con mantellina del paese delle favole. Anche se vive con sette uomini, non è una ragazza allegra. Basta baciare le sue labbra morte e congelate per scoprire che si scalda subito! Coraggio, un bell'applauso per... Biancaneve!

da *Shrek* (2001)

**Keanu Reeves/Constantine chiede a Peter Stormare/Lucifero il permesso di accendersi una sigaretta:**
– Permetti?
– Oh fai, fai pure: sono un loro azionista.

da *Constantine* (2005)

**Diane Keaton e Woody Allen:**
– Ma certo che Dio esiste: siamo fatti a sua immagine.
– E io sarei a sua immagine? Guardami: credi che Lui porti gli occhiali?
– Non con quella montatura.

da *Amore e guerra* (1975)

**Nicoletta Braschi e Roberto Benigni:**
– Non stai bevendo un po' troppo?
– Non ti preoccupare, tanto io sono astemio.

da *Johnny Stecchino* (1991)

**Preistoria. Elizabeth Taylor, suocera di Fred Flintstone, nient'affatto contenta del genero, si lamenta con la figlia Wilma/Elizabeth Perkins:**
– Oh, Wilma! Avresti potuto sposare Pietro Firestone, l'uomo che inventò la ruota!

da *I Flintstones* (1994)

**Il ministro del Tesoro Louis Calhern e il dittatore Groucho Marx:**
– Ecco il bilancio, spero che sia chiaro.
– Certo, lo capirebbe anche un bambino di cinque anni... vammi a cercare un bambino di cinque anni, perché io non ci capisco nulla!

da *La guerra lampo dei fratelli Marx* (1933)

**Carlo Verdone istruisce uno sprovveduto giocatore all'arte del flipper:**
– Lavori troppo di polso e usi male l'avambraccio... permetti? Quello che io mi sforzo a di' da un sacco d'anni è sempre la stessa cosa: cioè... il rapporto col flipper è come un rapporto sessuale, come un amplesso... non è il polso che deve da' la spinta alla pallina, ma è il ventre... mi hai capito, moro? Eh? Questo è il movimento, il colpo deve essere secco, deciso, preciso! Con 'sto sistema il tilt te lo magni...

da *Troppo forte* (1986)

**Confidenze tra amiche:**
– Una volta avevo un ragazzo a cui piaceva strofinarlo tra le dita dei miei piedi. E ha dato la colpa a me quando si è beccato una verruca sull'uccello!

da *100 ragazze* (2000)

**Geena Davis e Jeff Goldblum:**
– Non ti cambi mai?
– Come?
– Il vestito, porti sempre lo stesso vestito.
– No, questo è pulito. Io cambio vestito ogni giorno.
– Cinque completi perfettamente uguali!
– Ho imparato da Einstein. Così non occorre che perda tempo a pensare cosa metto: io... basta che acchiappi il primo dall'armadio.

da *La mosca* (1986)

**L'impresario edile trafficone Aldo Fabrizi all'avvocato idealista Vittorio Gassman:**
– Io amo l'onesti, perché nell'onesti c'è quella purezza che, se je capita l'occasione, diventano tarmente mascalzoni che t'ammolleno le fregature mejo de li mascalzoni diciamo normali.

da *C'eravamo tanto amati* (1974)

**L'immaturo e insicuro Renato Scarpa e Massimo Troisi:**
– Mammina dice che io ho i complessi nella testa.
– Quali complessi? Tu tieni un'orchestra intera in capo!

da *Ricomincio da tre* (1981)

**Le rivali Selma Blair e Reese Witherspoon:**
– Bell'abito!
– Oh, anche a me piace il tuo, ma quando mi travesto da puttana frigida cerco di non sembrare così austera.

da *La rivincita delle bionde* (2001)

**Vittorio Gassman alla straniera Joan Collins:**
– Ma che fai? Gli sorridevi? Lo sai che sorridere a un italiano è come fare una proposta di matrimonio a un norvegese?

da *La congiuntura* (1964)

**Totò:**
– Mi stanno per arrestare, è una questione di secondi, anzi di secondini.

da *Totò le Mokò* (1949)

**A disegni animati, Satana e Saddam Hussein, amanti omosessuali all'inferno:**
– Perché vuoi sempre fare l'amore con me da dietro? Forse perché vuoi far finta che io sia qualcun altro?
– Satana, con quel culo gigantesco e rosso, chi vuoi che finga che tu sia, Liza Minnelli?

da *South Park - Il film* (1999)

**Woody Allen alla moglie Sharon Stone:**
– Tieni la conta di tutti i tuoi amanti. Magari li scarico dalle tasse.

da *Ho solo fatto a pezzi mia moglie* (2000)

**Jeff Bridges a Julianne Moore:**
– Io rispetto un regime di droghe piuttosto rigido per mantenere la mente flessibile.

da *Il grande Lebowski* (1997)

**Rupert Everett, becchino ogni notte alle prese con gli zombie:**
– Tra morti viventi e vivi morenti, siamo tutti uguali.

Da *Dellamorte Dellamore* (1994)

**Leonard Nimoy:**
– Non capirò mai la capacità femminile di evitare una risposta diretta a qualsiasi domanda.

da *Star Trek* (1979)

**Vivien Leigh:**
– So di mentire spesso: dopotutto il fascino femminile è per metà illusione.

da *Un tram che si chiama desiderio* (1951)

**Dan Aykroyd e John Belushi:**
– Sono 126 miglia per Chicago. Abbiamo il serbatoio pieno, mezzo pacchetto di sigarette, è buio e portiamo tutti e due gli occhiali da sole.
– Vai!

da *The Blues Brothers* (1980)

**Leonardo Pieraccioni parla dell'amico Rocco Papaleo:**
– E questo invece è Giandomenico Bardella, detto il fuggitivo, perché perennemente inseguito dall'ex moglie che lo considera, dopo Padre Pio, l'uomo con le mani più bucate del mondo...

da *Il paradiso all'improvviso* (2003)

**Il re Vittorio Emanuele III e Armando Diaz, nel 1922, durante la marcia su Roma dei fascisti, nel dialogo conclusivo del film:**
– Ammiraglio, spassionatamente, cosa ne pensa di questi fascisti? Crede che mettiamo il paese in buone mani? Mi dica fuori dai denti qual è il suo parere, perché siamo ancora in tempo a sbatterli fuori, ne'!
– Spassionatamente, Maestà, mi sembra gente seria.
– Ma sì, proviamoli per qualche mese!

da *La marcia su Roma* (1962)

**Il senatore corrotto Powers Boothe all'onesto poliziotto Bruce Willis:**
– Il potere non te lo dà un distintivo o una pistola. Il potere te lo danno le bugie. Grandi bugie e convincere il mondo a parteggiare per te. Se riesci a fare accettare a tutti quello che in cuor loro sanno essere falso, li tieni per le palle.

da *Sin City* (2005)

**Rufin Dom Zetenoum a Aldo:**
– Aldo, quando una donna ti dice che ci deve pensare, vuol dire che ci ha già pensato! Ti ha mollato! Finito!

da *Tu la conosci Claudia?* (2004)

**Monica Vitti e Alberto Sordi assistono all'8 settembre:**
– E chi so'?
– So' generali, non li vedi?
– Ma 'ndo vanno? Questi vanno in trincea! Ma allora c'è pericolo: perché se noi annamo dove vanno loro, domattina semo in prima linea!
– Tutto il contrario! Fossero soldati, lo capirei. Ma se tu vai 'ndo vanno i generali, sta' tranquilla che il nemico sta dall'altra parte!

da *Polvere di stelle* (1973)

**Antonio Albanese, a proposito della new age, dei corsi di autostima e di chi li frequenta:**
– Tanta fatica per cercare il vostro io e poi, quando lo trovate, è uno stronzo!

da *Il nostro matrimonio è in crisi* (2002)

**Leonardo Pieraccioni, a proposito degli amori che arrivano come un ciclone:**
– Il ciclone, quando arriva, 'un t'avverte. Passa, piglia e porta via. E a te 'un ti resta che rimanere lì, bono, bono, a guardare e a capire che se 'un fosse passato, sarebbe stato parecchio, ma parecchio peggio...

da *Il ciclone* (1996)

**Lo psicopatico Michael Madsen/Mr Blonde si accinge a torturare il poliziotto Kirk Baltz:**
– Non me ne frega un beneamato cazzo di quello che sai, di quello che non sai. Tanto ti torturo lo stesso, eh eh, comunque sia, non per avere informazioni. Il fatto è che mi diverte torturare uno sbirro. Puoi dire quello che vuoi, tanto non mi fa nessun effetto. Tutto quello che puoi fare è invocare una morte rapida. Cosa che tanto non otterrai.

da *Le iene - Cani da rapina* (1992)

**A un ricevimento per vip, Jim Carrey e Jeff Daniels:**

– Non lo capisci Harry? È la nostra grande occasione, amico! Dobbiamo mostrare solo un po' di classe, un po' di raffinatezza e saremo culo e camicia.

– Non c'è problema Lloyd, abbiamo classe e raffina... oh guarda che cocomeri appesi a quella gran strafica!

da *Scemo & + scemo* (1994)

**Lo scienziato Bill Murray interroga l'anziana bibliotecaria Alice Drummond, che sostiene di aver visto un fantasma:**

– Alice, ora le farò un paio di domande di rito, d'accordo? Lei o qualche membro della sua famiglia ha mai avuto diagnosi di schizofrenia, o di infermità mentale?

– Mio zio credeva di essere san Giuseppe.

– Mm... io ci metterei un bel sì. E... abitualmente usa droghe, stimolanti, alcol?

– No!

– No, no... era per chiedere. E lei, Alice, è mestruata al momento?

– Ma scusi, questo che c'entra?!

– Non rompiamo: si inchini alla scienza!

da *Ghostbusters* (1984)

**Il piccolo Florian Billon, la scrittrice Isabelle Huppert e il piccolo Mehdi Joossen:**
– Tu che lavoro fai, l'architetta?
– No, scrivo.
– A chi?

da *Le strategie del cuore* (1992)

**Roy Scheider alla figlioletta:**
– Io non mi sposo di nuovo perché non riesco a trovare nessuna che mi dispiaccia abbastanza da infliggerle quel genere di tortura.

da *All That Jazz – Lo spettacolo continua* (1980)

**Leslie Nielsen e Julie Hagerty:**
– Che abbiamo mangiato stasera?
– Be', si poteva scegliere fra la bistecca e il pesce.
– Ah sì, sì, mi ricordo: io ho preso le lasagne.

da *L'aereo più pazzo del mondo* (1980)

**Judi Dench e Colin Firth:**
– Sono in vita i genitori?
– Io li ho persi entrambi.
– Perderne uno, signor Worthing, può essere considerata una disgrazia. Ma perderli entrambi è sbadataggine!

da *L'importanza di chiamarsi Ernest* (2002)

**Il servitore Clark Blankfield e il padrone Cary Elwes/Robin Hood, tornato in Inghilterra dopo anni di crociate in Terra Santa:**
– Se vostro padre fosse stato vivo!
– È morto?!
– Sì.
– E mia madre?
– È morta di polmonite mentre voi eravate via.
– I miei fratelli?
– Sono stati uccisi dall'epidemia.
– Il mio cane Pongo?
– Investito da una carrozza.
– Il pesce rosso Goldie?
– Divorato dal gatto.
– E il mio gatto?
– Sì è strozzato con il pesce rosso... eh, ma è bello essere a casa, vero padron Robin ?!

da *Robin Hood – Un uomo in calzamaglia* (1993)

**Woody Allen e Diane Keaton:**
– Che razza di cane hai?
– La peggiore.
– Davvero?
– È un bassotto. Sai, è un sostitutivo del pene, per me.
– Oh, nel tuo caso avrei pensato a un alano.

da *Manhattan* (1979)

**Il sacerdote Fritz Leiber e il condannato a morte Charlie Chaplin:**
– Possa Dio aver pietà della vostra anima.
– Perché no? Dopotutto, è roba sua.

da *Monsieur Verdoux* (1947)

**Scherzo telefonico di Bombolo:**
– Pronto, Ciampino?
– Sì.
– Mettetelo ar culo!

da *La sai l'ultima sui matti?* (1982)

**Marcello Mastroianni al figlio Massimo Troisi:**
– Abbiamo parlato di tutto pur di non parlare di niente.

da *Che ora è* (1989)

**Andie MacDowell e Hugh Grant, invitati a un matrimonio in cui lui rivede tutte le proprie, rancorose, ex fidanzate:**
– Ti stai divertendo?
– Sì, sì, certo. La cerimonia più divertente dopo il funerale di mio padre.

da *Quattro matrimoni e un funerale* (1994)

**Un frate confessa Bud Spencer, inginocchiato:**
– È la prima volta figliolo?
– Già, e se è così scomodo è anche l'ultima!
da ... *Continuavano a chiamarlo Trinità* (1971)

**Liù Bosisio e la centralinista, all'inizio del film:**
– Pronto?
– Sì, pronto, dica.
– Buongiorno, mi scusi se mi permetto di disturbare, signorina. Parlo con lo spettabile centralino della illustre società Italpetrolcemetermotessilfarmometalchimica?
– Sì, dica.
– Ecco, io sarei la signora Fantozzi Pina, moglie del ragionier Fantozzi Ugo, vostro impiegato.
– Non sono ammesse telefonate private con impiegati tranne in casi di decessi di parenti di primo grado. Lei ha decessi?
– No, purtroppo, ma aspetti! Perché vede, io vorrei fare umilmente osservare che non ho più notizie di mio marito da diciotto giorni.
– Diciotto?
– Sì, diciotto. Finora io non ho voluto importunare, ma ora mi permetto di cominciare a stare rispettosamente in pensiero...
da *Fantozzi* (1975)

**Totò insegna a Marcello Mastroianni e soci come aprire una cassaforte:**
– Dunque un modo per aprirla è la dinamite. Sistema che usava il famoso fu Cimin.
– Fu Chi Min? Chi è, un cinese?
– Ma che cinese! Veneziano era! "Fu" sarebbe che morì, Cimin è il cognome, no?!

da *I soliti ignoti* (1958)

**Alberto Sordi, vigile odiosissimo, alle prese con una suora:**
– Che fa? Concilia o mando al convento?

da *Guardia, guardia scelta, brigadiere e maresciallo* (1956)

**Pierce Brosnan/James Bond 007 ordina il suo consueto drink:**
– Vodka - Martini, agitato non mescolato.

da *Goldeneye* (1995)

**AncheLeslie Nielsen/Agente 0014 Sex De Fer, in aereo a fianco di Nicolette Sheridan, ordina un drink:**
– Gradirebbero qualcosa da bere?
– Be', ci porti un Mazzini secco and Vermont, on the rocks, scosso non sbattuto, schizzo di lemon, bicchieri gelati non assiderati, con due cannucce, di quelle snodabili.

da *Spia e lascia spiare* (1996)

**Christian De Sica e Massimo Boldi hanno appena salutato le mogli partite per le vacanze:**
– Ma che fai, te sei commosso?
– No, è che le partenze mi comunicano sempre un certo pathos malinconico.
– Ma tu devi esultare, caro mio, perché stanno per scattare festeggiamenti a raffica! Si inizia già stasera, eh!
– Già, già... stasera mia moglie mi ha organizzato un minestrone da scaldare, figurati!
– Invece io ti ho organizzato due zoccolone da trombare, non lo so, scegli tu, eh!!

da *Yuppies – I giovani di successo* (1986)

**Diverbio a cena, in mezzo agli ospiti, tra il figlio Keir O'Donnell e il padre senatore Christopher Walken. Chiude il discorso la nonnina novantenne Ellen Albertini Dow.**
– Papà pensava che gli avrei nuociuto politicamente, ecco, se si fosse candidato alla presidenza.
– Via, Todd! Anzi, a dirla tutta, i sondaggi dimostrano che la maggioranza del popolo americano potrebbe, in ultima analisi, simpatizzare con la nostra situazione.
– Qual è la situazione, papà?!
– Sei frocio.

da *2 single a nozze – Wedding Crashers* (2005)

**Francesco Nuti a Giuliana De Sio:**
– Lo sai a chi assomigli te quando tu c'hai il sassofono in braccio? A quel negro di colore, quello beige.

da *Io, Chiara e lo Scuro* (1982)

**Il paziente mafioso Robert De Niro e lo psicanalista Billy Crystal:**
– Un'altra cosetta. Se io parlo con te, e tu mi dici che sono finocchio, io t'ammazzo. Ci siamo intesi?
– Vogliamo definire "finocchio"? Perché certe inclinazioni possono...
– Io finocchio, tu morto. Intesi?
– Intesi.

da *Terapia e pallottole* (1999)

**Nell'antica Roma, il senatore John Myhers e i colleghi:**
– Oh, colleghi membri del Senato Romano, uditemi: dovremo continuare a costruire un palazzo dopo l'altro per i ricchi, o dovremo aspirare al molto più nobile proposito di fare case decenti per i poveri? Qual è il vostro voto?
– (In coro) Fanculo i poveri!
– Approvato!

da *La pazza storia del mondo* (1981)

**Nel 2173, Diane Keaton e Woody Allen:**
– Il sesso è diverso oggi... vedi, noi non abbiamo nessun problema: tutti sono frigidi.
– Oh, ma è incredibile: gli uomini sono impotenti?
– Oh, sì, la maggior parte... eccetto, sì, quelli che sono di discendenza italiana.
– Doveva essere qualcosa negli spaghetti!

da *Il dormiglione* (1973)

**Il miliardario Guido Nicheli, che si è appena preso lo yacht nuovo, e il proletario Diego Abatantuono:**
– Un miliardo e mezzo: visto il valore della lira, mi sono regalato questo giocattolino. Almeno mi sbarbo, no?
– Anch'io guarda... cioè un miliardo e mezzo, ho comprato un giocattolino: ho comprato il gioco dell'oca, e ho speso 800 milioni, poi con quello che mi avanzava ho comprato Monopoli!

da *Viuuulentemente... mia* (1982)

**Fabio Troiano e Francesca Inaudi:**
– È come la benzina e l'inquinamento, no?
– Cosa?
– La coppia. Rovina il mondo, ma non si è ancora trovato niente di meglio.

da *Dopo mezzanotte* (2004)

**John Larroquette presenta al padre William Daniels – che reputa il figlio brutto e idiota – la futura sposa Kim Basinger:**
– Allora, che ne pensi?
– Be', devo ammetterlo: non è per niente come la immaginavo.
– Come la immaginavi?
– Cieca.

da *Appuntamento al buio* (1987)

**Renée Zellweger e la madre Gemma Jones:**
– Ti prometto che la prossima volta non manderò tutto a puttane, mamma.
– Che linguaggio, tesoro!
– Scusa. La prossima volta non manderò tutto a puttane, mammina.

da *Che pasticcio, Bridget Jones!* (2004)

**Leonardo Pieraccioni e Massimo Ceccherini giocano a battaglia navale. Rocco Papaleo commenta l'inettitudine del primo:**
– B-9
– Acqua!
– Ma per forza! Cioè, io non lo so, Leonardo! Hai chiesto B-8? Hai chiesto B-10? Cosa pensavi di trovarci in mezzo, un sommozzatore?!

da *I laureati* (1995)

**L'improbabile medico Renato Pozzetto visita un'anziana signora, e poi si rivolge ai parenti di lei:**
– Si riguardi, ha bisogno di calcio: datele da mangiare delle ossa!

da *Sette chili in sette giorni* (1986)

**Il camionista Diego Abatantuono vede Parigi per la prima volta:**
– Bella città Parigi, eh! Certo, non è Ascoli, non è Andria, non è Foggia, però bella cittadina... devo di' bella, nel suo piccolo bella!

da *Eccezzziunale... veramente* (1982)

**Keanu Reeves e Al Pacino:**
– Che mi dici dell'amore?
– Sopravvalutato. Biochimicamente non è diverso da una grande scorpacciata di cioccolata.

da *L'avvocato del diavolo* (1997)

**Roberto Benigni:**
– Una volta ho visto in televisione... c'erano insieme Previti, Ferrara e Ignazio La Russa: oh, credevo fosse una puntata di *Star Trek*!

da *Tuttobenigni 95/96* (1996)

**Il contadino Renato Pozzetto:**
– Io sto caricando letame. Poi trasporto letame. Poi spargo il letame. Praticamente, una giornata di merda.

da *Il ragazzo di campagna* (1984)

**Cameron Mitchell e Lauren Bacall:**
– Lei crede davvero che avere i soldi automaticamente porti la felicità?
– No, però nemmeno che automaticamente mi deprima.

da *Come sposare un milionario* (1953)

**Robert De Niro/Al Capone a Kevin Costner/ Elliot Ness:**
– Sei solo chiacchiere e distintivo, chiacchiere e distintivo!

da *Gli intoccabili* (1987)

**Diane Keaton e Woody Allen:**
– Vai dallo psichiatra?
– Sì, da 15 anni soli.
– Da 15 anni?!
– Sì. Gli concedo un altro anno, poi vado a Lourdes.

da *Io e Annie* (1977)

**Nei gabinetti pubblici, una ragazza e il calvo Antonio Albanese:**
– Scusa, hai un pettine?
– Chi, io? No, ho smesso.

da *Vesna va veloce* (1996)

**Il chirurgo estetico Rob Reiner a Goldie Hawn:**
– Se ti faccio un altro tiraggio, ti ritroverai a fare l'occhiolino con le labbra.

da *Il club delle prime mogli* (1996)

**Prima di una missione pericolosa, Jason Mewes e Shannon Elizabeth:**
– Ehi, ci può scappare un bacino per augurarmi buona fortuna?
– Smack.
– E un pompino per augurarmi buona fortuna?
– No!

da *Jay & Silent Bob... Fermate Hollywood!* (2001)

**Gloria Foster a Keanu Reeves:**
– Che cosa vogliono tutti gli uomini di potere? Maggior potere.

da *Matrix Reloaded* (2003)

**Woody Allen a Mia Farrow:**
– Ho scritto molti saggi sulla psicanalisi, ho lavorato con Freud a Vienna. Ci dividemmo sull'invidia del pene: Freud pensava di doverla limitare alle donne.

da *Zelig* (1983)

**Bruce McGill e Bruce Willis:**
– Quanto tempo siamo stati amici?
– Più o meno fino a quando hai cominciato a farti mia moglie.

da *L'ultimo boyscout – Missione: sopravvivere* (1991)

**Calciomercato. Il presidente Camillo Milli e l'allenatore Lino Banfi, che sviene dopo l'ultima battuta:**
– Canà, indovini chi le ho preso.
– Chi?
– Ma...
– Ma?
– Mara...
– Mara, c'è mia moglie?
– Marado...
– Marado?
– Maradona!
– Maradònna benedetta dell'incoroneta!

da *L'allenatore nel pallone* (1984)

**Il frate benedettino Sean Connery:**
– Quanto sarebbe quieta la vita senza l'amore: tanto sicura, tanto calma, tanto noiosa...

da *Il nome della rosa* (1986)

**Enzo Cannavale e Tomas Milian:**
– Voi capite, non tengo moglie, mi devo arrangiare.
– Eh, beato te che non c'hai moglie, 'a Gargiu', beato te! Sapessi la mia, non te l'augura'! Tutti i giorni a chiede' soldi, tutti i giorni! L'altro giorno ventimila, ieri trentamila, stamattina cinquantamila.
– Eh, la maronna, che ci deve fa' con tutti 'sti soldi?
– E che ne so? Io mica glieli do!

da *Delitto al ristorante cinese* (1981)

**Paolo Villaggio e Gigi Reder sono in barca, persi, affamati e disidratati in mezzo al mare. In un'allucinazione a sfondo mistico, Villaggio vede Gesù, che gli pone due domande:**
– Avete pesci?
– Non abbiamo pescato, dottore.
– Avete pani?
– No, doveva portarli lui!
– E allora che me moltiplico io?!

da *Fantozzi* (1975)

**L'avvocato Sandra Bullock, la moglie tradita Charlotte Mayer e il marito fedifrago Hugh Grant:**
– Ti stai riferendo alla presunta infedeltà, vero?
– Presunta? Ma se scopava con quella nel nostro letto!
– Ma sei tu che mi hai detto che non volevi macchie sul divano!

da *Two weeks notice – Due settimane per innamorarsi* (2002)

**Christine Taylor e Vince Vaughn:**
– Per curiosità: è solo apatia o lei veramente non ha un obiettivo nella vita?
– Ho scoperto che se uno ha un obiettivo, potrebbe non raggiungerlo. Invece se non ne ha nessuno, non rimane mai deluso!

da *Palle al balzo – Dodgeball* (2004)

**Albert Brooks al consuocero Michael Douglas:**
– Lo sai che negli ultimi tre mesi ho passato quasi tutti i giorni col tuo unico figlio? Lo sai questo? Quante volte ci sei stato tu? Eri presente quand'è stato concepito? O lo sperma l'hai mandato per posta?

da *Matrimonio impossibile* (2003)

**I non più giovani Jack Nicholson e Diane Keaton fanno l'amore:**
– Usi qualche precauzione?
– Menopausa.

da *Tutto può succedere* (2003)

**Woody Allen tenta di abbordare Diane Davila:**
– Che fa sabato sera?
– Occupata. Devo suicidarmi.
– Allora venerdì sera?

da *Provaci ancora, Sam* (1972)

**Raffinata minaccia dell'agente Chris all'agente Gary:**
– Alla prossima bravata ti faccio altri due buchi nel cazzo, così quando pisci non centri la tazza del cesso!

da *Team America: World Police* (2004)

**America, Anni '20. Il giornalista Steven Goldstein e il funzionario governativo Kevin Costner:**
– Sembra che aboliranno il proibizionismo. Cosa farà allora?
– Andrò a bere un bicchiere.

da *Gli intoccabili* (1987)

**Eugène Levy al figlio adolescente Jason Biggs, dopo averlo scoperto a masturbarsi con una torta di mele:**
– Jim, voglio parlarti della masturbazione. Ora, voglio che tu sappia che è una cosa assolutamente comune, e normale. E devo ammettere, perché no, che anch'io ero un discreto masturbatore, quando ero un po' più giovane. Ah, io lo chiamavo "stantuffare il salame", sì sai, "strapazzare il vecchio capitone"... ma non l'ho mai fatto con i cibi cotti. Ah, ma ti ricordi lo zio Mort? Si stuzzicava il serpentone cinque, sei volte al giorno. Vedi, è come l'allenamento per la grande partita, capisci? È come... come tirare una palla da tennis contro un muro di mattoni, che può essere divertente. Può essere divertente, ma non è una partita...

da *American Pie* (1999)

**Harold Gould e Woody Allen:**
– Se lei prova ad avvicinarsi alla contessa, non rivedrà mai più la luce del giorno!
– Se un uomo mi dicesse così, io lo massacrerei.
– Io sono un uomo!
– Be', io dicevo un uomo molto più basso.

da *Amore e guerra* (1975)

**Billy Crystal spiega all'adolescente Charlie Hofheimer e a Robin Williams come, spesso, i genitori manchino di sensibilità verso i figli:**
– Al mio decimo compleanno, mio padre mi porta in città per andare al circo.
– Però, che storia originale.
– Mentre andiamo in centro, lasciamo il mio cane dal veterinario. Poi andiamo al circo e ci divertiamo un mondo. Io rientro e dico: "Ehi, dov'è Skippy?". E loro: "Oh, lo abbiamo messo a dormire". E io dico: "Volete dire che è morto? Avete ammazzato il mio cane?!". E mio padre: "Sì, era malato, per questo l'abbiamo portato dal veterinario". E io dico: "E dovevate farlo nel giorno del mio compleanno?!?". E lui dice: "Be', sai, era di strada..."

da *Due padri di troppo* (1997)

**Peter Sellers, alias ispettore cinese Wang:**
– Domande è come carta igienica vetrata: a lungo andare, molto irritante.

da *Invito a cena con delitto* (1976)

**Roland Bertin:**
– Sono come le donne, i cruciverba: più ti resistono e meglio è quando cedono.

da *Il marito della parrucchiera* (1990)

**La Morte, vestita di nero e con la falce in mano, bussa alla porta di Graham Chapman e di sua moglie Eric Idle:**
– Sì? È venuto per la siepe? Senta, sono davvero spiacente...
– Io sono il Tristo Mietitore.
– Chi?
– Il Tristo Mietitore.
– Sì, capisco...
– Io sono La Morte!
– Sì, be', il fatto è che abbiamo degli ospiti americani a cena, stasera...
– Chi è caro?
– Pare sia un certo signor La Morte, venuto per la mietitura...

da *Monty Python – Il senso della vita* (1983)

**Il capofamiglia mafioso Lloyd Bridges al matrimonio del figlio:**
– Io sono stato sposato con la stessa meravigliosa donna per quarant'anni. Certo, il sesso per noi finì una settimana dopo il matrimonio, secondo l'usanza... Io oggi amo la mia Rosa tanto quanto l'amavo la prima volta che la feci mia con la forza...

da *Mafia!* (1998)

**Ciccio Ingrassia e Franco Franchi:**
– Dobbiamo dimostrare che siamo innocenti.
– Se mi catturano dicono che sono reo... se mi catturano con te, dicono che sono reo con fesso! Chi mi salva?!

da *Per un pugno nell'occhio* (1965)

**Lo sbronzo Jeff Bridges e il capitano di polizia:**
– Conosco i miei diritti, amico.
– Tu non conosci un cazzo, Lebowski.
– Voglio un avvocato, porca puttana! Perry Mason, capito? Oppure... Matlock.
– Il signor Treehorn dice che ha dovuto farti allontanare dalla festa che dava in giardino, perché eri ubriaco e molesto.
– Il signor Treehorn tratta gli oggetti come donne, lo sapeva?
– Il signor Treehorn fa girare molti soldi in questa città, tu fai girare solo le palle. La nostra è una graziosa cittadina balneare, e il mio obiettivo è mantenerla tranquilla. Perciò ti chiarisco una cosa: non mi piace che tu vada in giro a importunare i nostri cittadini, col tuo cognome da mezza sega, con la tua faccia da mezza sega, con i tuoi modi da mezza sega, e non mi piaci tu, mezza sega. Sono stato abbastanza chiaro?
– Mi spiace, non stavo ascoltando.

da *Il grande Lebowski* (1997)

**Adriano Celentano e Renato Pozzetto:**
– Ti presento Vincenzina, vedova bianca. Suo marito è un martire del lavoro: è volato giù dall'ultimo piano di un palazzo in costruzione.
– Capogiro?
– Capomastro.

da *Ecco noi per esempio* (1977)

**Giovanna Ralli, dall'aldilà, e il marito Vittorio Gassman:**
– Devo domandarti una cosa.
– Va bene, e allora coraggio.
– Sono importante per te adesso?
– Importante in che senso? Importante perché sei morta? Ma non lo so... non mi sembra... no, no.
– Ma che te possino ammazzarte! Ma perché no?
– Elide, perché se una non è stata importante da viva, non lo è nemmeno da morta. Ecco perché.
– Bravo ignorante! La morte sublima! Si vede che non hai letto il Siddharta.
– No, non l'ho letto il Siddharta.
– Eh, certo, a me mi obbligavi a leggere, ma tu non leggi mai niente.
– Elide, che rottura!

da *C'eravamo tanto amati* (1974)

**Groucho Marx e lo stewart che aspetta la mancia:**
– Ha il resto di cento dollari?
– Certo signore.
– Allora non ha bisogno dei 10 cents che volevo darle.

da *La guerra lampo dei fratelli Marx* (1933)

**Lucy Gutteridge racconta a Val Kilmer di quando un naufragio la costrinse a separarsi dai familiari per anni:**
– Non puoi immaginare che significhi separarsi dalla famiglia per cause di forza maggiore a quell'età.
– Credo di saperlo. Sai, quando avevo circa sei anni, mia madre mi portò in città un giorno che pioveva, oh come pioveva! Entrammo in uno di quei grandi magazzini, perché lì non pioveva, e pensa, mi persi. Cercarono di avvertirla, ma quel dannato impianto di altoparlanti era guasto. Non rividi mai più mia madre...

da *Top Secret!* (1984)

**Robert De Niro:**
– Come disse Platone: "Non ha importanza come cazzo ci riesci, se ci riesci".

da *Sesso e potere* (1997)

**Gloria Swanson, ormai folle, alla polizia che la sta arrestando:**
– Eccomi, De Mille, sono pronta per il mio primo piano.

da *Viale del tramonto* (1950)

**Eddie Griffin indica a Rob Schneider i gigolò più famosi d'Europa:**
– Questi sono i prostituti più pagati d'Europa. Quello... quello è Rodrigo, è spagnolo: può allacciarti le scarpe con la lingua.
– Uau.
– Quello! Quello è Enzo, è italiano: le sue palle sono assicurate per un milione di dollari.
– 500.000 a palla!
– Guarda quello, è Assapopoulos, dalla Grecia: può mordere col buco del culo.
– Spero di non avvicinarlo mai.

da *Deuce Bigalow: puttano in saldo* (2005)

**Billy Crystal:**
– Ho rifatto quel sogno: sto facendo l'amore e i giudici olimpionici guardano. Ho superato le eliminatorie e sono entrato in finale. Il canadese mi dà 9,8, l'americano un 10 pieno e mia madre travestita da giudice della Germania dell'Est mi dà 3!

da *Harry, ti presento Sally...* (1989)

**La single Mary Kay Place a Glenn Close, a proposito degli uomini:**
– O sono sposati o checche. E se non sono checche hanno appena rotto con la donna più bella del mondo, o hanno appena rotto con una che era una puttana e che somigliava tutta a me. E in fase transitoria dopo una relazione monogama hanno bisogno di spazio, o sono stanchi di spazio ma non si vogliono impegnare, o vogliono l'impegno ma temono di avvicinarsi, o si avvicinano e tu non li vuoi tra i piedi!

da *Il grande freddo* (1983)

**Roberto Benigni e i processi in cui è coinvolto Silvio Berlusconi:**
– Ha ridetto sul giornale: "Ho giurato sui miei figli che non ho fatto niente e lo ribadisco". Ma dico: ma quante volte giura sui suoi figli? Ormai li hanno messi al posto della Bibbia nei tribunali: giuri su questo, giuri sull'altra... Ogni quindici giorni gli arriva un avviso di garanzia, e continua a giurare sui suoi figli. Ora, io ho pensato, non può essere un padre così snaturato da giurare il falso sulla vita dei suoi figli veramente. Quindi ci poniamo una domanda: di chi sono i figli di Berlusconi?

da *Tuttobenigni 95/96* (1996)

**Sergio Castellitto e Penelope Cruz, dopo che lui l'ha abbandonata e lei ha abortito:**
– Tu non mi perdonerai mai, vero?
– Dio non ci perdonerà.
– Dio non esiste, amore mio.
– Speriamo.

da *Non ti muovere* (2004)

**Il sacerdote Gennaro Nunziante, che sta sposando la coppia Fabio Volo - Stefania Rocca:**
– Ma come si fa a pensare che l'amore possa dissolversi così, scomparire all'improvviso? E i baci, le carezze, le speranze, l'amore? E io non ci credo. No, io credo invece sia rimasto sepolto, soffocato sotto una grande quantità d'interferenze, intrusioni, pressioni di ogni genere che nulla hanno a che vedere con l'amore. Io credo sia proprio così. Ma non sarà che quando due persone si amano fanno paura? A chi? All'infelicità! L'infelicità sembra diventata il motore del mondo. Rende parecchio. Due persone divise spendono più di due unite: due case, due automobili, due lavatrici, due dentifrici. Tutto doppio! Anche l'infelicità. E attenzione. Le persone infelici spendono di più perché hanno bisogno di premiarsi. No. Così non va...

da *Casomai* (2002)

**Roberto Benigni:**

– Io c'ho pensato: uno muore e invece di trovare il nostro Dio... se ne trovasse un altro? Ci pensi che figura? Metti, to', si trova Manitù. Che gli si dice a Manitù, quello degli indiani? Che figura si fa? Uno va là, vede uno con una penna, la pipa: "Buongiorno, cercavo Dio". "Augh." "No, dico, Dio." "Augh." "Io ho letto Tex, non so, se può servire..."

da *Tuttobenigni* (1986)

**Carmen Villani:**

– Mio marito da un po' di tempo ha cambiato musica. Prima non faceva altro che suonare Stravinskij: *L'uccello di fuoco*. Adesso suona solo Schubert: *L'incompiuta*.

da *La signora ha fatto il pieno* (1977)

**Jason Biggs confida a Woody Allen i problemi con la propria fidanzata:**

– Mi incoraggia ad andare a letto con altre donne!

– Be', e tu vacci! Ma cosa aspetti? Ci saranno almeno un milione di donne che sarebbero eccitate di andare a letto con te, ok? Be', forse un milione no, ma ne trovi di sicuro una, se la fai ubriacare abbastanza.

da *Anything Else* (2003)

**Memmo Carotenuto tenta di rapinare lo sportello del Banco dei pegni minacciando, pistola in pugno, l'impiegato:**
– La conosci questa?
– Sicuro che la conosco, è una pistola Beretta. Ma in cattivissime condizioni: mille lire!

da *I soliti ignoti* (1958)

**Sarah Michelle Gellar e Selma Blair:**
– Mia cara, ti consiglio di andare a letto con il maggior numero di uomini possibili.
– Ma così non divento una puttana? Non credi?
– Cecile! Guarda che lo fanno tutte! L'importante è fare in modo che nessuno lo sappia!

da *Cruel Intentions* (1999)

**Madre e figlia, Christina Pickles e Drew Barrymore:**
– Tu sei molto più carina di quella ragazza, ma è lei che si sposa.
– Che c'entra l'essere carine con lo sposarsi?
– C'entra eccome! Cerca di sposarti prima che ti si allarghino i fianchi e ti crescano i baffi, visto che questa è una della caratteristiche della madre di tuo padre: sembra Magnum P.I., se la guardi bene!

da *Prima o poi me lo sposo* (1998)

**Andie MacDowell prova un abito nuziale un po' osè davanti a Hugh Grant:**
– Un po' troppo sexy, vero?
– Uh! Se... se fossi tuo marito, sarei fiero di portarti in giro. Ma forse hai ragione, è... è pericoloso, non c'è niente di più imbarazzante a un matrimonio di un prete che celebra col pisello duro!

da *Quattro matrimoni e un funerale* (1994)

**Il cliente Alan S. Johnson e Jack Black, commesso di un negozio di dischi rari e per intenditori:**
– Cerco un disco per mia figlia, per il suo compleanno, si intitola *I just call to say I love you*. Ce l'avete?
– Sì.
– Bene!
– Ce l'abbiamo.
– Bene, posso averlo?
– No, no: non può!
– Perché?
– Perché è troppo melenso, troppo sdolcinato. Non si entra in un negozio così per una lagna del genere: al centro commerciale!
– Ma che modi sono?!
– Ma lei la conosce sua figlia? Non può piacerle quella canzone! Oh, oh, oh... non sarà mica in coma?!

da *Alta fedeltà* (2000)

**Il Dalai Lama B.D. Wong a Brad Pitt:**
– Quando non sei in grado di combattere abbraccia il tuo nemico. Se ha le braccia intorno a te non può puntarti contro il fucile.

da *Sette anni in Tibet* (1997)

**Rae Dawn Chong e Arnold Schwarzenegger:**
– Ma chi cavolo è lei, eh?! Mi frega la macchina, mi scardina il sedile, si permette di rapirmi, mi chiede di aiutarla a ritrovare sua figlia e io gentilmente acconsento, mi coinvolge in una sparatoria con morti e feriti e sangue che scorre a fiumi, sradica una cabina telefonica con dentro un uomo, vola sul soffitto come Tarzan e alla fine la salvo da un poliziotto che vuole ammazzarla e quello cerca di arrestare me! Si decide a raccontarmi tutto oppure no?
– No.

da *Commando* (1985)

**Giovanna Ralli si sveglia dopo un'operazione. Il genero Maurizio Mattioli lo comunica alla moglie Barbara De Rossi:**
– Barbara, si è svejata, ha parlato!
– E che ha detto?
– De registrarje *Centovetrine*.

da *Il pranzo della domenica* (2003)

**Alcuni marines sull'aereo che li conduce in missione:**
– C'è qualcuno che sa dove andiamo?
– Nel Bananas, parrebbe.
– Ah... si combatte per o contro il governo?
– La CIA non vuole correre rischi, questa volta: metà di noi sono per e l'altra metà sono contro.

da *Il dittatore dello Stato libero di Bananas* (1971)

**Al Pacino, figlio del boss mafioso Marlon Brando, e la sua fidanzata Diane Keaton:**
– Ora lavoro con mio padre, Kay. È stato male, molto male.
– Ma tu non sei come lui, Mike. Credevo che non saresti mai diventato come tuo padre, l'avevi detto tu stesso.
– Mio padre non è diverso da qualunque altro uomo di potere, da chiunque abbia la responsabilità di altri uomini: come un senatore, o un presidente...
– Non vedi com'è ingenuo quello che dici?
– Perché?
– Senatori e presidenti non fanno ammazzare la gente.
– Chi è più ingenuo, Kay?

da *Il Padrino* (1972)

**La prostituta Silvana Mangano e il soldato Vittorio Gassman:**
– C'è la fotografia di un bambino nel portafoglio: xè un tuo fìo?
– Ah, no, no, quello sono io da piccolo.
– Stupido! Anca dietro ti te la porti?
– Be', cosa vuoi? Al mondo non ho che io.

da *La grande guerra* (1959)

**Diego Abatantuono:**
– Al paesello ci volevo tornare, ma ricco spietato, istesso del Conte di Montecristo: con una ragazza sfarzesca al fianco pe' fa' crepa' d'invidia quei fetenti degli indigeni del luogo. Invece mi tocca torna' con la coda tra le gambe, istesso di Lilli il vagabondo...

da *Sballato, gasato, completamente fuso* (1982)

**Don Stroud vuole fare l'amore con la moglie addormentata:**
– Sei sveglia tesoro?
– Certo, sono sempre sveglia alle 5 del mattino.
– Senti qualcosa? Ti terrà sveglia.
– Solo se me lo metti in un occhio.

da *I ragazzi del coro* (1977)

**L'improbabile avvocato Rick Moranis difende in tribunale gli acchiappafantasmi, e Harold Ramis si complimenta per l'arringa:**
– Vostro Onore, Signore e Signori del co... del co... del pubblico, non trovo giusto chiamare i miei clienti truffatori. Ok, il blackout è stato un grosso problema per tutti, ok? Io sono stato chiuso in ascensore per due ore e per l'appunto anche mi scappava. Però io non li condanno, perché una volta mi trasformai in cane e loro mi aiutarono. Grazie.
– Ottimo, Louis, breve ma... affossante.

da *Ghostbusters 2* (1989)

**Il vecchio banchiere George "Gabby" Hayes:**
– Non lo sai che la banca è quell'istituzione che può prestar denaro solo a chi può dare assolute garanzie, cioè a chi non ne ha bisogno?

da *Gli avvoltoi* (1948)

**Renato Pozzetto e la madre Clara Colosimo:**
– Self made man!
– Cosa vuol dire?
– Che mi faccio da solo.
– Non devi mica farti da solo, ti fa male, poi ti vengono le occhiaie...

da *Il ragazzo di campagna* (1984)

**Ginger Rogers e William Burress, giudice che l'ha appena sposata a Fred Astaire:**
– Quale motivo occorre per poter divorziare?
– Il matrimonio.

da *Voglio danzare con te* (1937)

**Woody Allen:**
– Io ho un pessimo ricordo dell'università di New York: era successo che io fui sbattuto fuori il primo anno perché copiavo gli scritti di metafisica. Sapete, stavo sbirciando nell'anima del compagno accanto a me.

da *Io e Annie* (1977)

**Billy Crystal al telefono con Joe Mantegna:**
– Andy, per caso ti ricordi il nome di quella supplente che venne in quarta elementare? Ricordi? Accavallava le gambe e noi ci ingrifavamo: aveva il reggicalze, i gancetti e tutto il resto, non sapevamo cosa fossero...
– Ah... la signorina Petter!
– Oh, bravo, hai ragione, la Petter! Come fai a ricordartelo?
– Perché, l'hai incontrata?
– No, no... pensavo di masturbarmi più tardi: volevo un nome che combaciasse con l'immagine.

da *Forget Paris* (1995)

**Il vecchio avvocato Tom Aldredge al giovane avvocato George Clooney:**
– Le parlerò della dannata legge. Noi serviamo la legge! Noi onoriamo la legge! E qualche volta, avvocato, osserviamo la legge!

da *Prima ti sposo poi ti rovino* (2003)

**Lauren Bacall e Humphrey Bogart:**
– Ti rendi conto dei pericoli a cui vai incontro?
– Il pericolo più grande è la tua bocca.

da *Il grande sonno* (1946)

**I giovani d'oggi non fanno drammi. Lucia Seracchi e Claudio Amendola:**
– Mia madre ha beccato mio padre che si era iscritto a uno di questi incontri per rimorchiare. Hai tre minuti di tempo per fare il fico con una, se ci riesci ti danno pure il numero di telefono.
– Sì, ho visto un servizio in televisione: patetico.
– L'altro giorno mia madre l'ha cacciato di casa. E ora lui finirà sul divano di un suo amico. Credo che divorzino.
– Cazzo, pesante. Ma tu come stai?
– Io bene. Uguale a prima.

da *L'amore è eterno finché dura* (2004)

**Voce fuori campo:**
– La guerra: l'unico svago dei re a cui i sudditi prendevano parte.

da *Fanfan La Tulipe* (1951)

**Martin Mull e Madeline Kahn:**
– Dica, quanti mariti ha avuto?
– Miei o di altre donne?
– Suoi!
– Cinque.
– Cinque?
– Sì, solo cinque. I mariti sono come i kleenex: teneri, utili e sostituibili.

da *Signori il delitto è servito* (1985)

**Fabio Troiano a Libero De Rienzo:**
– Dante, ricordati che la vita è un temporale, e prenderselo nel culo è un lampo.

da *A/R Andata + ritorno* (2004)

**Lia Zoppelli e Renato Pozzetto, suocera e genero:**
– Dai Giorgio, perché non mi chiami "mamma", e ci diamo del tu?
– Non mi viene... invece lei, se crede, può chiamarmi "ragioniere".

da *La casa stregata* (1982)

**Il prete Renato Pozzetto cede alle avances sessuali di Francesca Dellera, avvertendola però di ciò cui lei va incontro:**
– Però sappi che l'"immane dardo" esiste davvero. Per questo sono andato a Lourdes, per chiedere un ridimensionamento. Che non mi è stato concesso...

da *Roba da ricchi* (1987)

**Olga Georges-Picot e Woody Allen:**
– Sei disgustoso, però ti amo.
– Be', la disgustanza è la mia specialità.
– Ti sarai annoiato al fronte. Quant'era che non facevi l'amore con una donna?
– Eh, cos'è oggi? Lunedì, martedì... due anni.
– Due anni? Ti ricordi come si fa?
– Sì, basta darmi l'imbeccata...

da *Amore e guerra* (1975)

**Durante l'inquisizione, l'ebreo Jackie Mason, alla gogna, canticchia una canzone:**
– Io seduto ero nel tempio / mi facevo i fatti miei / ascoltavo un'esaltante messa ebrea. Poi t'arriva quel cristiano / e mi sbatte in una cella / e mi caccia un cero acceso dentro l'ano! / Vi pare umano? / Vi par leale? / Senza fornirti manco un antiemorroidale!

da *La pazza storia del mondo* (1981)

**Jenna Elfman, il sacerdote Edward Norton e il rabbino Ben Stiller:**
– Non ho il tempo per le relazioni, lavoro più di cento ore a settimana. Ragazzi, voi non avete idea.
– Ehi, scusa tanto, guarda che noi lavoriamo sodo, e per un esigentissimo capo.
– Sì, siamo in servizio per ventiquattr'ore al giorno.
– Nooo, io lavoro molto più di voi. Con la mia consulenza Dio avrebbe creato il mondo in cinque giorni!

da *Tentazioni d'amore* (2000)

**Oliver Hardy a Stan Laurel:**
– Lo so, Stanlio, non ne hai colpa se sei stupìdo.

da *I diavoli volanti* (1939)

**Anita Laurenzi/Professoressa Serino a Silvio Orlando/Prof. Vivaldi:**
– Ci hai fatto caso, Vivaldi? A noi professori capita una cosa spaventosa: i nostri ragazzi non invecchiano mai, vengono qui giovani e se ne vanno che sono ancora giovani. E noi? Noi invecchiamo al posto loro. Ma cos'è, un film dell'orrore? Un effetto speciale?

da *La scuola* (1995)

**Maggie Smith, il maggiordomo Alec Guinness e David Niven:**
– Lei si chiama?
– Jamesignora.
– Grazie James.
– No, no, no: Jamesignora, il nome è Jamesignora.
– Jamesignora?
– Bensignore. Jamesignora Bensignore.
– Bensignore?
– Sissignore.
– Jamesignora Bensignore?
– Sissignore.
– Ossignore!
– Era il nome di mio padre.
– Qual era il nome di suo padre?
– Ossignore. Ossignore Jamesignora...

da *Invito a cena con delitto* (1976)

**La scimmiesca Mariangela/Plinio Fernando e il padre Ugo Fantozzi/Paolo Villaggio:**
– Papà, perché mi chiamano Cita?
– Ma chi?
– Chi è Cita?
– È... Cita Hayworth, una famosissima attrice americana, bellissima, era la più bella di tutte! Però sai cosa ti dico? Che tu sei molto più bella di lei. Forse.

da *Fantozzi* (1975)

**Il rimbambito ammiraglio Lloyd Bridges, assistito da Kevin Dunn, impartisce gli ordini ai suoi piloti:**
– Bene, signori, abbiamo aspettato a lungo di sentirci dire "esattamente tra cinque ore e diciassette minuti colpiremo la coscia nemica".
– Credo che sia la "costa" nemica.
– Costa? Quanto? Be', dovremo rivedere i nostri piani, ma non importa. Dunque, il nostro obiettivo è distruggere le industrie di armi nucleari a "Pallapezzcorca". L'industria comincia a produrre fra dodici ore ed è superdifesa. Se avete problemi a colpire l'obiettivo qui, i bersagli secondari sono quo e qua: una fabbrica di fisarmoniche e una scuola di mimo...

da *Hot Shots!* (1991)

**Adam Sandler dichiara il proprio amore per Marisa Tomei allo stadio, davanti a migliaia di spettatori. Gli amici John Turturro e Jonathan Loughran commentano:**
– Eh, io ho fatto cose peggiori per riconquistare una donna. Una volta ho corso nella metro tutto nudo.
– E a che pensavi ti servisse?
– Be', io non penso mai ai dettagli...

da *Terapia d'urto* (2003)

**I fratelli Billy Crystal e Jon Lovitz:**

– Come vivi?

– Come vivo io?

– Sì, insomma, certe volte non ti fai sentire per mesi.

– Oh, be', faccio un sacco di cose. Commercio, soprattutto... per un po' sono stato detective per animali.

– E di che si tratta? Un barboncino ti chiama e dice: "Credo che mia moglie mi abbia tradito con un bulldog"?

– Ah, ah... no. No, una volta per caso ho trovato un cane, e così ho telefonato al proprietario, e lui mi ha dato cento dollari. E così ne ho fatto un'attività: trovavo i cani perduti e chiamavo i proprietari, che pagavano grossi riscatti.

– Riscatti?!?

– No, no, non riscatto, non è la parola giusta! È la parola che hanno usato al processo, ma sto ancora in causa!

da *Scappo dalla città 2* (1994)

**Geoffrey Rush a Goldie Hawn:**

– Noi in pratica facciamo esattamente come le mosche. La mosca maschio sale sopra la mosca femmina e ha luogo l'accoppiamento. La similarità è deprimente.

da *Due amiche esplosive* (2002)

**Terence Hill e Bud Spencer:**
– Ehi, hai mica visto un bestione che sembra un armadio con la barba?
– Tutte le mattine nello specchio.

da *Pari e dispari* (1978)

**La quattordicenne Martina Merlino e la zia trentenne Stefania Montorsi:**
– Scusa, ma tu quanti anni avevi quando l'hai fatto la prima volta?
– Ma che c'entra? Ognuno lo fa quando gli va! Vabbè, diciannove.
– Eri pronta? Ti sentivi innamorata?
– Sì, certo.
– E com'è andata?
– Com'è andata? Eh, è andata com'è andata!
– Hai visto?! Perché ti piaceva troppo e quindi ti sei emozionata!
– Eh, be', certo, era la prima volta.
– Lo vedi che lo dovevi fare prima?!
– Ma prima de che?
– Ma prima della prima volta!

da *Dillo con parole mie* (2003)

**Totò:**
– Evado di giorno perché non mi va di essere un evaso da notte.

da *Un turco napoletano* (1953)

**Al Pacino e la seconda moglie Diane Keaton, nella stanza da letto in cui lui dormiva con la prima moglie:**
– Ho passato tanto tempo in questa stanza pensando a te.
– E poi ti sei sposato.
– Ma pensavo a te!

da *Il Padrino – Parte III* (1990)

**Peter O'Toole e Romy Schneider:**
– Sai che l'uomo dormendo spreca un terzo della sua vita? Se vive fino a settantacinque anni, significa che ha dormito venticinque anni. Sai che significa dormire venticinque anni, sì?
– No.
– Significa alzarsi con un gran mal di testa.

da *Ciao Pussycat* (1965)

**I consuoceri Walter Matthau e Jack Lemmon:**
– Ehi, attento a come parli di mio figlio! Forse è la tua Anna quella un po' stramba.
– Stramba Anna? Stramba? La mia Anna stramba?
– Smettila di ripetere "stramba"! Sembri lo skipper di una barca a vela!

da *La strana coppia II* (1998)

**Ugo Tognazzi, sulla sedia a rotelle dopo un ictus, e gli amici Adolfo Celi, Gastone Moschin e Renzo Montagnani:**
– Sono paralitico.
– Non dire paralitico: lo sai che i fattori psicologici contano.
– Che dico, paraculo?
– Non si dice più paralitico, si dice paraplegico.
– Anche i ciechi ora sono tutti contenti da quando non li chiamano più "ciechi", ma "non vedenti".
– Giusto. Per esempio, gli impotenti non sono più impotenti: sono "non trombanti". Ora, te tu saresti un paraplegico non trombante...

da *Amici miei – Atto II* (1982)

**Bokeem Woodbine e David Arquette:**
– Sai qual è la cosa più intelligente uscita dalla bocca di una troia?
– L'uccello di Einstein!

da *La rapina* (2001)

**Evelyn Varden:**
– Il marito è una mercanzia di cui non si è mai sicure finché non lo si è portato a casa.

da *La morte corre sul fiume* (1955)

**Anna Maria Barbera si fa uno spinello con Augustine Jayakumar Arumugan:**
– Ma che ci mettisti dentro 'sta canna? Pan grattato? Sembra cotoletta alla milanese!

da *Il paradiso all'improvviso* (2003)

**Alison Doody e Harrison Ford:**
– Professor Jones?
– Sì?
– Ne ero più che sicura. Vedo che ha gli occhi di suo padre.
– E le orecchie di mia madre. Ma il resto è tutto suo.
– A quanto sembra le parti migliori sono già state prese.

da *Indiana Jones e l'ultima crociata* (1989)

**Goldie Hawn, davanti alla bara del padre, rimprovera figlio e marito che litigano di politica, e risponde alla figlia Gaby Hoffmann:**
– Vi prego, per favore, non vi mettete a litigare di fronte al nonno, va bene? Lui non era ateo, non era repubblicano e non era nemmeno democratico.
– Be', sarà stato pur qualcosa, no?
– Era un feticista del piede.

da *Tutti dicono I love you* (1996)

**Jason Biggs e Chris Klein:**
– Ehi, hai visto *La sirenetta* l'altra sera in televisione?
– No.
– No? Io gliela darei una botta ad Ariel.
– È una sirena, dove glielo metti?
– Sì, lo so, ma non quando è sulla terra!

da *American Pie* (1999)

**Jeff Cohen ha qualche difficoltà a farsi credere dagli amici Sean Astin, Josh Brolin e Corey Feldman:**
– Voi non ci crederete mai, ma questa volta dico la verità! È stata la cosa più mondiale che ho visto in vita mia!
– Più mondiale di quella volta che Michael Jackson venne a casa tua per andare al gabinetto?
– E più mondiale di quella volta che salvasti quei vecchi dall'incendio dell'ospizio, scommetto...
– Sì, è stata più mondiale ancora di quando ti sei mangiato due metri quadrati di pizza coi funghi?
– E va bene, Brad, Michael Jackson non è mai venuto a casa mia per fare la cacca... ma sua sorella sì!

da *I Goonies* (1985)

**Nanni Moretti a Roberto Vezzosi:**
– Ha presente quelle scarpe basse, le espadrillas? Quelle senza lacci però... Ecco, ora è diventato un fatto normale, invece anni fa c'erano alcune ragazze che le portavano scalcagnate dietro, quasi a pantofola. Ecco, questo fatto mi infastidiva: senso di sporcizia, di sfacciataggine... ma insieme, quanto mi eccitava!

da *Bianca* (1984)

**Una starlette assaggia il caviale:**
– Questa marmellata di more sa di pesce!

da *Hollywood Party* (1968)

**Servizio giornalistico da Roma di Hugh Grant:**
– Una volta ero nella città eterna con un amico che mi ha detto: "Per fare tua Roma, fatti più romane possibili". Ma se i vostri gusti sono appena un po' più sofisticati, ho qualche consiglio per voi. Lasciate perdere i Fori Imperiali, e non andate assolutamente a vedere il Colosseo: non è più eccitante da quando hanno abolito il pasto dei leoni. Per quanto riguarda la Cappella Sistina, è il primo esempio di arredamento frocesco di un decoratore impazzito!

da *Che pasticcio, Bridget Jones!* (2004)

**Tomas Milian costringe Bombolo a un pasto... inusuale:**
– C'hai fame, eh?
– C'ho fame, sì.
– Allora magnate questa, tiè.
– 'na merda?
– Mica te farà schifo? È roba tua. Magari te ce metto un po' de formaggio, eh?
– Sempre merda è.
– Sì, ma alla parmigiana.

da *Squadra antifurto* (1976)

**Diane Keaton e Woody Allen:**
– Senti, io credo che forse tornerò dal mio strizzacervelli... credo che... io credo che...
– Vieni qui. Ma non ne hai nessun bisogno! Tu non hai niente che non si possa curare con due Prozac e una mazza da polo!

da *Misterioso omicidio a Manhattan* (1993)

**Julie Andrews ritiene che Dudley Moore utilizzi il termine "femmina" in senso dispregiativo, e puntualizza:**
– Una zoccola la vende.
– Ma anche una femmina. La differenza è che la zoccola fa il prezzo in anticipo.

da *"10"* (1979)

**Madeleine Lebeau e Humphrey Bogart:**
– Dove sei stato ieri sera?
– È passato tanto tempo, non me ne ricordo.
– Ci vediamo stasera?
– Non faccio mai piani in anticipo.

da *Casablanca* (1942)

**La sessantenne Anne Reid riscopre le gioie del sesso col trentenne Daniel Craig:**
– Io credevo che nessuno mi avrebbe più toccata... a parte il becchino.

da *The Mother* (2003)

**Kate Winslet e Jim Carrey:**
– Sei di poche parole, vero?
– Scusami, è solo che la mia vita non è così interessante. Vado al lavoro, e poi torno a casa... non so che dire. Dovresti leggere il mio diario: è una raccolta di fogli bianchi!

da *Se mi lasci ti cancello* (2004)

**Diane Keaton e Woody Allen:**
– Tu credi in Dio?
– Be', io credo che... che ci sia qualcosa lassù che ci osserva dall'alto.
– Sì, purtroppo è il governo.

da *Il dormiglione* (1973)

**Vecchio West. Lo sceriffo di colore Cleavon Little saluta un'anziana passante:**
– Buongiorno, signora, non trova che è una giornata stupenda?
– Vaffanculo, negro!

da *Mezzogiorno e mezzo di fuoco* (1974)

**Diane Keaton, moglie traditrice, si confida col cugino Woody Allen:**
– Sono diventata uno scandalo.
– Povera Sonja.
– Da settimane mi incontro con Seretskj nella sua camera.
– Perché, che ha in camera?... Ah!
– E prima di Seretskj, Aleksjei, e prima di Aleksjei, Alegorjan, e prima di Alegorjan, Aasimov...
– E vabbè!
– Aspetta, sono solo alla "A"!
– Ma quanti amanti hai?!
– Nella cerchia urbana?

da *Amore e guerra* (1975)

**Jonathan Tucker a una delle sue spasimanti:**
– Lo sai che gli uomini musulmani si radono i peli dell'inguine? Insomma, non mi meraviglia che molti di loro diventino terroristi!

da *100 ragazze* (2000)

**Anthony Hopkins/Hannibal Lecter, al telefono con Jodie Foster nel finale del film:**
– Vorrei che potessimo parlare più a lungo, ma sto per avere un vecchio amico per cena, stasera...

da *Il silenzio degli innocenti* (1991)

**Sicilia, primi anni '60. Daniela Rocca è fuggita con l'amante, abbandonando il marito Marcello Mastroianni, Barone Cefalù. Il funzionario del PCI Renzo Marignano, durante un comizio, confida nella modernità e nell'apertura mentale della folla maschile che lo ascolta.**
– Perché è ormai storicamente accertato che anche qui da voi, nel vostro bel Sud che io ho il piacere di visitare per la prima volta, è giunto alfine il momento di affrontare il secolare problema dell'emancipazione della donna, così come esso è stato affrontato e risolto, per esempio, dai nostri confratelli cinesi. Pertanto, io vi invito a esprimere il vostro democratico parere sul fatto, cioè a dire quale giudizio sereno e obiettivo merita la signora Cefalù.
– Buttana! Buttanaaa!!!

da *Divorzio all'italiana* (1962)

**L'avvocato Julianne Moore scopre che la propria cliente Brette Taylor ha passato sei mesi in una clinica per dipendenza dal sesso:**
– Sei mesi per dipendenza dal sesso?!
– Il mio terapista era molto dotato!

da *Laws of Attraction – Matrimonio in appello* (2004)

**Il nobile Totò e Dorian Gray:**
– Le posso fare una domanda indiscreta, forse?
– Mi dica, duca, dica.
– No, dica duca lo dico io. Lei dica duca e io dico dica.
– Allora io dico duca.
– E io dico dica.
– Duca...
– Dica.

da *Totò, lascia o raddoppia?* (1958)

**Cliff Robertson/zio Ben a Tobey Maguire/ Spider-Man, da poco consapevole di essere diventato un supereroe:**
– Peter, senti, tu stai cambiando. Io lo so: mi successe esattamente la stessa cosa, alla tua età.
– No, non la stessa cosa...

da *Spider-Man* (2002)

**Vivien Leigh e Clark Gable:**
– So solo che ti amo.
– Questa è la tua disgrazia.
– Aspetta... Rhett, Rhett, se te ne vai, che ne sarà di me, che farò?
– Francamente, me ne infischio.

da *Via col vento* (1939)

**Pippo Franco:**
– Non sono bravo in matematica. Gli unici calcoli che mi sono riusciti bene nella vita sono quelli alla cistifellea.

da *Ricchi ricchissimi praticamente in mutande* (1982)

**Totò, condannato a morte:**
– Coraggio ce l'ho. È la paura che mi frega!

da *Figaro qua... Figaro là* (1950)

**Il cardinale Nino Manfredi si sta assopendo durante una preghiera. Viene disturbato da Lucrezia Lante della Rovere:**
– Eminenza, eminenza vi prego scusatemi.
– No... per carità... stavo a schiaccia' 'n'Ave Maria!

da *La carbonara* (2000)

**Il salutista Woody Allen a proposito di Peter Falk:**
– Mi ha minacciato col coltello, a casa sua! Un coltello sporco di burro e marmellata! Poteva occludermi le arterie!

da *I ragazzi irresistibili* (1995)

**Diane Keaton e la madre Eileen Heckart:**
– E se trovassi un altro uomo, mamma? Insomma, è possibile magari, no?
– Tesoro, hai 46 anni! Una donna della tua età ha più probabilità di essere trucidata da uno psicopatico!

da *Il club delle prime mogli* (1996)

**Francisco Rabal e Monica Vitti:**
– Io volevo farti felice.
– Quando ci siamo incontrati avevo vent'anni: io ero felice!

da *L'eclisse* (1962)

**Jack Lemmon e Walter Matthau:**
– Lei è mai stato sposato, mister Trabucco?
– Una volta, ma me ne sono liberato. Adesso le noleggio.

da *Buddy Buddy* (1981)

**Minacce del leone Alex alla zebra Marty, colpevole di aver trascinato l'amico su un'isola deserta:**
– Io ti seppellisco, poi ti tiro fuori, ti clono e ammazzo tutti i tuoi cloni!

da *Madagascar* (2005)

**Kabir Bedi e Libero De Rienzo:**
– Non c'è niente da fare, tutto scade. La schiena va male, la testa perde colpi, la memoria a lungo termine va bene, ma quella a breve termine sta scomparendo.
– Mi dispiace.
– La memoria a lungo termine va bene, ma quella a breve termine sta scomparendo...

da *A/R Andata + ritorno* (2004)

**Lesley Ann Warren e Christopher Lloyd:**
– Io non credo, professor Plum, che la sua reputazione all'ONU trarrebbe giovamento se rivelassi che lei è responsabile non solo di adulterio con una delle sue pazienti, ma anche della sua morte e della morte di altre cinque persone.
– Lei non sa che razza di gente c'è all'ONU. Potrebbero anche farmi un applauso!

da *Signori, il delitto è servito* (1985)

**Il latin lover italiano Kevin Kline a Phoebe Cates:**

– Io italiano sono. Non faccio l'amore con una femmina, con un pastore tedesco in camera. È imbarazzante per lui!

da *Ti amerò... fino ad ammazzarti* (1990)

**Diane Keaton e Woody Allen:**

– Oh, ti prego, non psicanalizzarmi: io pago un dottore per quello.

– Ehi, ehi, tu chiami quel tizio con cui chiacchieri un "dottore"? No, dico, voglio dire, non ti insospettisce quando quel tuo analista ti chiama alle tre del mattino e scoppia in singhiozzi al telefono?

– E va bene, non sarà ortodosso, ma è un dottore altamente qualificato.

– Eh! Ha fatto un gran lavoro con te: hai una stima di te che è solo di una tacca sotto Kafka!

da *Manhattan* (1979)

**Robert De Niro:**

– Qualsiasi donna, al momento giusto, al posto giusto, con le circostanze giuste, farebbe qualunque cosa.

da *Toro Scatenato* (1980)

**Edward Norton, sacerdote, spiega all'amica Jenna Elfman come si fa a mantenere il voto di castità:**
– È come quando la gente smette di fumare: il primo anno è molto duro, ma poi ti possono accendere una sigaretta davanti e non ti fa più nessun effetto.
– Ho smesso di fumare due anni fa, e se qualcuno mi fuma davanti vorrei baciarlo in bocca per succhiargli un po' di fumo dai polmoni! È chiaro?

da *Tentazioni d'amore* (2000)

**Woody Allen, brutto e impacciato con le ragazze:**
– Sono un ipercritico. È una specie di malattia. Io ho la tendenza a respingere prima di essere respinto. In questo modo risparmio un sacco di tempo e di soldi.

da *Provaci ancora, Sam* (1972)

**Il barista Nello Pazzafini e il cameriere Lino Banfi:**
– E ricordate 'na cosa: io mi chiamo Salvatore Gargiulo, e se sbagli una comanda io te rompo er...
– Ho già afferreto, grazie.

da *Vieni avanti cretino* (1982)

**Richard Masur e Joe Mantegna:**
– Stai calmo, non è niente, è solo timore prematrimoniale.
– Trovi?
– Vuoi scherzare? La settimana del mio matrimonio ho vomitato ogni giorno. Ovviamente si scoprì che sua madre mi stava avvelenando...

da *Forget Paris* (1995)

**John Belushi, appena uscito di prigione, a Dan Aykroyd che lo aspetta con una nuova auto:**
– Un pensiero molto carino! Il giorno che io esco di prigione, il mio unico fratello mi viene a prendere con una macchina della polizia!

da *The Blues Brothers* (1980)

**Il rivoluzionario Jacobo Morales e Woody Allen:**
– Fielding, le vie della storia sono infinite. Oggi tu sei un pavido, ma forse un giorno sarai una tigre!
– Sì, forse un giorno, ma per ora non vi serve un coniglietto?

da *Il dittatore dello Stato libero di Bananas* (1971)

**Il padrone Breckin Meyer rimprovera il gatto Garfield, appesantito dal troppo cibo:**
– Garfield, hai mangiato tutte e quattro le porzioni di lasagne!
– Non è colpa mia, mi hanno provocato!

da *Garfield – Il film* (2004)

**Eliza Dushku intervista Jason Mewes:**
– Io e Justice stiamo facendo un documentario per il nostro corso di sessualità comparata, e abbiamo bisogno di un'opinione maschile sul clitoride.
– Il clitoride femminile?

da *Jay & Silent Bob... Fermate Hollywood!* (2001)

**La piccola Lulu Popplewell e Emma Thompson:**
– Ci hanno assegnato le parti per la recita di Natale. Io sono l'aragosta.
– L'aragosta?
– Sì.
– Nella recita di Natale?
– Sì! Sono la prima aragosta!
– Perché, era presente più di un'aragosta alla nascita di Gesù?

da *Love Actually* (2003)

**Renzo Montagnani, guardando il sedere di Edwige Fenech:**
– Quello non è un culo, è una tagliola!

da *La soldatessa alle grandi manovre* (1978)

**Il guardiano del cimitero alle prese con una supercazzola di Ugo Tognazzi:**
– No, no, no, guardi no, non può mica parcheggiare qui nel camposanto, no non si può eh!
– Sbiliguda, supercazzola brematurata?
– Eh?
– No dico, brematurata la supercazzola?
– Non capisco.
– Con scappellamento a destra.
– Ah, le cappelle! E son là, guardi, a destra. Ma qui non si può parcheggiare!
– No, volevo dire: occhiello di previlegio come se fosse antani per lei. Ispettore tombale.
– Ispettore? Ma che dice?
– Ispettore.
– Ispettore?
– Con fuochi fatui.
– E per quanto tempo sta qua?
– Quintana, ossetta...

da *Amici miei – Atto II* (1982)

**Gli anziani Bernard Blier e Alberto Sordi:**
– Io vorrei essere immortale.
– Pure io. Ma non per sempre, però.

da *Una botta di vita* (1988)

**Sean William Scott non è convinto che l'amico Jason Biggs faccia bene a sposarsi:**
– Il matrimonio! Ah, cazzo! Come fai a sapere che è la donna giusta?
– Lo so e basta. Sono una persona migliore quando sto con Michelle, nessun'altra...
– No, no, no, coglione! Sei stato con un'altra ragazza per quanto tempo, dieci secondi? Per non parlare di come te la sei persa, Nadia, la più grossa topa della storia. Sei come un cieco che sceglie un film porno muto!

da *American Pie – Il matrimonio* (2003)

**Il sacerdote esorcista James Woods e Veronica Cartwright, madre di una bimba indemoniata:**
– Allora, come sta?
– Va sempre peggio, padre.
– Ah, davvero?
– Non parla più, non mangia più niente, non sopporta neanche più che io la tocchi!
– Già... a volte con le caramelle ci stanno...

da *Scary Movie 2* (2001)

**Padre, madre e figlioletto al ristorante. I primi due vogliono un po' di frutta. Alvaro Vitali è il cameriere.**
– Ragazzino?
– Sì?
– Scusa, si può avere un po' di frutta?
– Certo! Che frutto vuole? È frutta di stagione, fresca.
– Per me... cachi.
– Cachi anche per me!
– Ah... e per il regazzino un par di scureggette vanno bene?

da *Pierino contro tutti* (1981)

**Totò:**
– Per un ricco mori' è come paga' il conto alla vita: paga, sì, ma la vita gli ha dato qualche cosa. Invece il poveraccio paga e dalla vita non ha avuto niente. Che fa il poveraccio? Passa dalla morte a un'altra morte.

da *Uccellacci e uccellini* (1966)

**Il cacciatore di vampiri Wesley Snipes e N'Bushe Wright:**
– In giro c'è qualcosa di peggio dei vampiri.
– Ad esempio?
– Ad esempio io.

da *Blade* (1998)

**Nel 1975, Roberto Zibetti e il dj Luciano Federico:**

– Ciccio, la radio è un hobby. Potevi essere un maniaco di francobolli o di pescigatti o di che cazzo ne so. Dai, avrai comunque le tue trecentomila lire al mese, cambierai la 127 ogni tre anni, ti sposerai Ilaria, perché quelli come te sposano sempre quella che hanno conosciuto alle medie.

– Cosa vuol dire "quelli come me"?

– Vuol dire quelli come te! I figli, un maschio e una femmina, se ti va male due e due, a cinquant'anni la casetta tua con tutte le grate alle finestre perché abbiamo paura degli zingari, è chiaro. Guzzerai Ilaria una volta al mese e solo quando sarete ciucchi, e poi le paste la domenica mattina, i tortelli alla vigilia, qualche petardino a Capodanno, le barzellette al bar in dialetto e l'italiano davanti al capo. "Novantesimo minuto" vita natural durante, la 127 lavata il sabato per portare la famiglia fuori la domenica, una vita di straordinari per comprarti lo Zodiac per le gite sul Po e tre o quattrocento hobby nuovi perché il tempo libero ti ammazza. Gran sballo! Quelli come te sono anche capaci di fare volontariato alla Croce Rossa.

– Quelli come me, quelli come te li mandano affanculo.

da *Radiofreccia* (1998)

**Sull'autobus, il controllore Giovanni e il passeggero senza biglietto Aldo:**
– Se lei è ignorante non è colpa di nessuno, va bene?
– Ignorante glielo dice a sua sorella, va bene?
– Ignorante nel senso che ignora che quello è un biglietto singolo.
– Allora lei è un imbecille nel senso che imbelle!

da *Tre uomini e una gamba* (1997)

**Robert Mitchum:**
– Appena fai un complimento a una donna, questa lo prende come un contratto.

da *I nomadi* (1960)

**Roberto Benigni:**
– Siccome non voglio far pubblicità alla politica nello sport, mi sento represso a non poter dire un grido che ho sempre gridato: alle olimpiadi "Forza Italia" l'ho detto mille volte, no? Ora non lo posso dire! Mi tocca trovare dei sinonimi, perché mi viene istintivo, quando segna un gol Roberto Baggio: "Forza... oh, penisola bagnata dal Tirreno e dall'Adriatico!"

da *Tuttobenigni 95/96* (1996)

**I consuoceri Albert Brooks e Michael Douglas:**
– Scusa se ti ho detto che sei il peggior padre del mondo, non lo penso davvero.
– Grazie, Jerry.
– Di sicuro ce ne sono altri due o tre peggio di te nel mondo.

da *Matrimonio impossibile* (2003)

**Lo scienziato Jeff Goldblum commenta la clonazione dei dinosauri, e la dottoressa Laura Dern completa il commento:**
– Dio crea i dinosauri. Dio distrugge i dinosauri. Dio crea l'uomo. L'uomo distrugge Dio. L'uomo crea i dinosauri.
– I dinosauri mangiano l'uomo. La donna eredita la terra.

da *Jurassic Park* (1993)

**Woody Allen:**
– Non sono essenzialmente un comico politico, per niente. Di natura politica ho avuto solo una relazione con una donna durante l'amministrazione di Eisenhower, e in breve è stata un'ironia per me, perché io cercavo di fare a lei quello che Eisenhower stava facendo al Paese da otto anni!

da *Io e Annie* (1977)

**Silvana Fallisi e Paola Cortellesi:**
– Lunedì no, perché sennò gli sballi tutta la settimana, giusto?
– Be', in effetti lunedì…
– Martedì, mercoledì no, perché c'è la Champions League. Giovedì… giovedì perché no? Non me lo ricordo.
– Oh, nemmeno io. Comunque, no!
– Venerdì no, perché lo fanno tutti, sembra un obbligo. Sabato!
– Eh, ogni tanto, al sabato… oddio, dipende da che anticipo c'è, eh!
– Scusa, Claudia, ma stiamo parlando della stessa cosa?
– Ah, non lo so, tu di cosa stai parlando?
– Sesso coniugale?
– Sì!!!

da *Tu la conosci Claudia?* (2004)

**Bill Murray tenta di colloquiare con un fantasma:**
– Salve, io sono Peter. Lei di dov'è? Cioè .. di dov' era?

da *Ghostbusters* (1984)

**Marlon Brando a Maria Schneider:**
– Tutte le uniformi sono merda.

da *Ultimo tango a Parigi* (1972)

**Greg Kinnear, Matt Damon e i possibili inconvenienti di Internet:**
– Ehi, hai scaricato un'altra foto della tua amichetta californiana in Internet. Come si chiama, Pom-Pin?
– Si chiama May Fong.
– Così dice lei. Ma potrebbe anche essere un fenomeno di cinquant'anni con sei denti, un cetriolo e due belle palle pelose!

da *Fratelli per la pelle* (2003)

**Bette Midler e Dennis Farina si baciano in pubblico, suscitando la soddisfazione di una signora anziana:**
– È bello vedere due sposi maturi che si amano ancora!
– È un adulterio. Ma grazie comunque!

da *Questo pazzo sentimento* (1997)

**Harvey Korman e Slim Pickens:**
– La mia mente è un torrente vorticoso, che trabocca cascate di idee in una grandiosa apoteosi di alternative creative.
– Quanta poesia, mister Lamarr! Lei sa usare la lingua meglio di una zoccola da venti dollari!

da *Mezzogiorno e mezzo di fuoco* (1974)

**Francesca Dellera e Renato Pozzetto fanno l'amore in macchina:**
– Attento, amore, mi fai male con la gamba.
– Non è la gamba!

da *Roba da ricchi* (1987)

**Amy Yasbeck e Roger Rees:**
– Se promettete di non uccidere Robin, in cambio farò la cosa più disgustosa cui riesca a pensare.
– E quale sarebbe?
– Sarò la vostra sposa.
– Cosa? Sarete mia? Vi darete a me tutte le notti e qualche volta... anche dopo pranzo?
– Sì. Ma avrete soltanto il mio corpo. Non riuscirete mai ad avere il mio cuore, la mia mente e neppure la mia anima.
– Oh... oh, sì... mi accontenterò del corpo!

da *Robin Hood – Un uomo in calzamaglia* (1993)

**Goldie Hawn e Diane Keaton:**
– Sono gli anni '90! Per amor del cielo, insomma, la chirurgia plastica è come una buona toelettatura, è come lavarsi i denti.
– Elise, guardati! Sei stata tirata, cucita, infarcita e rimboccata! Sei un tacchino!

da *Il club delle prime mogli* (1996)

**Madre e figlio, Catherine Scorsese e Joe Pesci:**
– Ma tu perché non ti trovi una brava ragazza?
– Io ne trovo di bravissime tutte le sere, mamma.

da *Quei bravi ragazzi* (1990)

**L'ammiraglio Lloyd Bridges si presenta ai propri piloti:**
– Sono qui, vedo tutti questi bei ragazzi, e mi chiedo cosa non darei per avere vent'anni di meno, e magari... essere donna! Sapete, mi sono sbattuto più di 194 missioni, e sono stato abbattuto in tutte. Pensate un po': non sono mai riuscito ad atterrare in vita mia...

da *Hot Shots!* (1991)

**Woody Allen e Diane Keaton, a proposito delle violenze sessuali:**
– Dicono che sia il segreto desiderio di ogni donna.
– Suppongo che dipenda molto da chi è il violentatore.
– Ba', lasciamo perdere questi argomenti: non credo che sarai mai violentata.
– No, con la jella che ho!

da *Provaci ancora, Sam* (1972)

**John Goodman, con Lloyd Bridges e Steve Buscemi, fa paragoni tra la guerra in Vietnam e la Guerra del Golfo:**

– Solo io e il muso giallo, a fissarci negli occhi: quello si chiama combattere. L'uomo con la mimetica nera, Drugo, quello sì che era un avversario.

– Chi ha la mimetica nera?

– Non rompere Donny... Chi abbiamo adesso di fronte? Una banda di beduini con un asciugamano in testa che cerca di capire dov'è la marcia indietro nei carri russi!

da *Il grande Lebowski* (1997)

**L'indecisa cronica Jennifer Aniston lascia un messaggio sulla segreteria telefonica di Ben Stiller:**

– Ciao, Reuben, eh... sono Polly... Prince. Eh... non so se hai dei programmi per stasera ma, se non ne hai, fa' un salto al 37 di Gangsebeur Street, intorno alle nove, se ti è possibile. Insomma, niente di che, ma potrebbe essere divertente, perciò... ecco, pensaci. Bene... allora, eh... ci vediamo dopo. O forse no, insomma dipende. Ah, eh... se tu... se, se vieni, mettiti delle scarpe comode. Sempre che tu venga. Ma non sei affatto obbligato. Forse non ci sarò nemmeno io.

da *... E alla fine arriva Polly* (2004)

**Woody Allen bambino (Alfred Lutter III) incontra La Morte:**
– Chi sei tu?
– La Morte!
– Che succede dopo morti? C'è l'inferno? C'è Dio? Si resuscita? Be', allora, una domanda fondamentale: ci sono le donne?
– Sei un giovane interessante, ci rivedremo!
– Oh, non si disturbi!

da *Amore e guerra* (1975)

**L'ultrà romanista Claudio Amendola:**
– Veniamo da Roma la capitale, su e giù per l'Italia a far del male, niente antifone su 'sto treno, solo violenza, rabbia e veleno. Semo le redini dell'antico impero, solo che ar posto de spade c'avemo spranghe de fero... quanno arrivamo nun c'aspettate, datece retta: corete, scappate!

da *Ultrà* (1991)

**Il comico Robert De Niro alla sua prima apparizione in uno show televisivo:**
– Come tutti quanti sono cresciuto per merito, in gran parte, di mia madre. Se mia madre fosse qui, stasera! Le direi: Ehi, mamma, che cosa ci fai qui? Sei morta da nove anni!

da *Re per una notte* (1983)

**Dana Ivey e il miliardario Hugh Grant:**
– Io penso sia immorale che un essere umano possa accumulare tanta ricchezza. Non so come fa a dormire la notte!
– Ho una macchina che simula lo sciabordio dei flutti.

da *Two Weeks Notice*
– *Due settimane per innamorarsi* (2002)

**L'agente dell'FBI Tom Hanks e Nathalie Baye:**
– Mi spiace doverglielo dire, ma suo figlio sta falsificando assegni, signora.
– Falsificando assegni? Aspetti, sono certa di poter sistemare la cosa. Ora al pomeriggio lavoro in chiesa. Mi dica solo quanto deve e pagherò subito.
– Finora è più o meno un milione e trecentomila dollari...

da *Prova a prendermi* (2002)

**Morgan Freeman:**
– Ormai nelle metropoli farsi gli affari propri è diventata una scienza. Nella prevenzione allo stupro la prima lezione è "Mai gridare aiuto ma sempre al fuoco". Nessuno risponde a una richiesta di aiuto. Tu urla "al fuoco" e arrivano di corsa.

da *Seven* (1995)

**Seann William Scott spiega a Thomas Ian Nicholas "la regola del tre":**
– Quando una ti dice con quanti ragazzi è andata a letto, moltiplica per tre: è quello il numero reale!

da *American Pie 2* (2001)

**"La regola del tre" applicata ai maschi. Natasha Lyonne a Tara Reid:**
– Se un ragazzo ti dice con quante ragazze è stato, non dice la verità: tu prendi quel numero, lo dividi per tre e hai il vero totale!

da *American Pie 2* (2001)

**L'imperatore Joaquin Phoenix e il gladiatore Russell Crowe:**
– Come osi voltare le spalle a me, schiavo! Ti toglierai l'elmo e mi dirai il tuo nome!
– Mi chiamo Massimo Decimo Meridio, comandante dell'esercito del Nord, generale delle legioni Felix. Servo leale dell'unico vero imperatore, Marco Aurelio. Padre di un figlio assassinato. Marito di una moglie uccisa. E avrò la mia vendetta. In questa vita o nell'altra.

da *Il gladiatore* (2000)

**Franz e Petra Faksova:**
– Tu di dove sei?
– Ucraina.
– Ma Ucraina Ucraina, o un po' fuori?
– Guarda che l'Ucraina è una nazione.
– Eh, be'... è un po' che non gioco a Risiko.

da *La terza stella* (2005)

**Dave Prowse/Darth Vader e Alec Guinness/Obi-Wan Kenobi:**
– Ti stavo aspettando Obi-Wan, ci rincontriamo finalmente, ora il cerchio è completo, quando ti ho lasciato non ero che un discepolo, ora sono io il maestro.
– Solo un maestro del male, Darth.

da *Guerre stellari* (1977)

**Incipit del film. Malcolm McDowell si presenta:**
– Eccomi là. Cioè Alex, e i miei tre drughi. Cioè Pete, Georgie e Dim. Ed Eravamo seduti nel Korova Milkbar arrovellandoci il gulliver per sapere cosa fare della serata. Il Korova Milkbar vende "latte +", cioè diciamo latte rinforzato con qualche droguccia mescalina, che è quel che stavamo bevendo. È roba che ti fa robusto e disposto all'esercizio dell'amata ultraviolenza...

da *Arancia Meccanica* (1971)

**Ciccio e Franco:**
– Recitiamo al defunto un grande salmo.
– Un bel salmone!

da *I due pericoli pubblici* (1964)

**Monica Vitti a Marcello Mastroianni:**
– Lei si preoccupa soltanto di chi perde. Tipico degli intellettuali: egoisti ma pieni di pietà.

da *La notte* (1960)

**Greta Garbo, commissaria comunista russa:**
– Compagni! Compagni, la rivoluzione è in marcia, le bombe cadranno, la civiltà occidentale crollerà a pezzi. Ma per favore, non adesso!

da *Ninotchka* (1939)

**Devon Murray/Seamus, Daniel Radcliffe/Harry Potter e Rupert Grint/Ron:**
– Occhi di coniglio, rumore di fischi, trasforma quest'acqua in whisky!
– Cosa vuole fare Seamus con quel bicchiere d'acqua?
– Trasformarlo in whisky. Ha ottenuto un leggerissimo tè, ieri...

da *Harry Potter e la pietra filosofale* (2001)

**Woody Allen riceve un regalo dalla prostituta Mira Sorvino:**
– Non era assolutamente necessario, sei un amore, ma davvero non dovevi.
– Be', non hai voluto un pompino, così ho pensato di prenderti una cravatta.
– Ottima soluzione! E, oh, è proprio una cravatta, già!
– Te la metti una cosa così vistosa?
– Oh, se l'occasione lo esige, certo. Se magari mi invitano a un Martedì grasso...

da *La dea dell'amore* (1995)

**Billy J. Mitchell fa visita in carcere, in Germania, a Val Kilmer, imprigionato ingiustamente:**
– Nick, ho provato di tutto: l'ambasciata, il governo tedesco, il consolato, ho persino parlato con l'ambasciatore alle Nazioni Unite. Inutile: non riesco a portare mia moglie all'orgasmo.

da *Top Secret!* (1984)

**Renée Zellweger:**
– Gli amici! Passano anni a cercare di trovarti un fidanzato, ma appena te ne trovi uno, sperano solo che lo molli!

da *Che pasticcio, Bridget Jones!* (2004)

**Tomas Milian descrive il motivo dell'aerofagia di Bombolo:**
– Scoreggia sempre, è di pelle corta. Basta che chiude gli occhi.

da *Squadra antitruffa* (1977)

**Fantozzi, in sala operatoria, viene erroneamente privato della sua virilità. Voce fuori campo di Paolo Villaggio:**
– Per denunciare quel tragico errore e riottenere il maltolto, scrisse una supplica al presidente della Repubblica. Solo grazie a questo alto intervento, venne d'autorità reintegrato della propria preziosa attrezzatura di piacere, che stava per essere trapiantata come dito mignolo del piede sinistro a un falegname della Val di Susa...

da *Fantozzi subisce ancora* (1983)

**Il condannato a morte Woody Allen:**
– Assolutamente incredibile: essere giustiziato per un crimine che non ho mai commesso. Ma in fondo non siamo tutti su una stessa barca? Non è così per tutta l'umanità? Tutti, alla fine, vengono giustiziati per un crimine che non hanno mai commesso.

da *Amore e guerra* (1975)

**Amanti occasionali, Audrey Rapaport e Kevin Kline:**
– Dove andiamo?
– Io dico a casa tua, a divertirci!
– Sì, ma... tua moglie?
– No, lei non ci viene!

da *Ti amerò... fino ad ammazzarti* (1990)

**Voce fuori campo di Michael Moore:**
– Ecco a voi John Ashcroft. Nel 2000 si era ricandidato senatore nel Missouri, contro un uomo che morì un mese prima del voto. Gli elettori preferirono il morto. Così George W. Bush nominò Ashcroft ministro della Giustizia. Prestò giuramento su una pila di bibbie, perché se non sei nemmeno capace di battere un morto, è meglio che vai sul sicuro.

da *Fahrenheit 9/11* (2004)

**Il medico Kevin McCarthy e Dana Wynter:**
– Ho scoperto che la moglie d'un medico deve avere l'intelligenza d'un Einstein e la pazienza d'un santo.
– E l'amore?
– Non posso saperlo: sono solo un medico generico.

da *L'invasione degli ultracorpi* (1956)

**Rob Schneider risponde alle insinuazioni di un bambino:**

– La mamma dice che tua moglie è stata sbranata in luna di miele perché davi da mangiare agli squali.

– Di' a tua madre che davo da mangiare alle tartarughe! Non mi ero accorto che c'era del ragù nell'insalata...

da *Deuce Bigalow: puttano in saldo* (2005)

**Gavin MacLeod e l'improbabile indiano Peter Sellers:**

– Ma chi crede di essere lei?

– In India non crediamo di essere, sappiamo di essere.

– Protettori di vacche!

– Come sta sua sorella?

da *Hollywood Party* (1968)

**Andy Garcia e Enzo Robutti:**

– Don Lucchesi, lei è un uomo di finanza e di politica. Io queste cose non le capisco.

– Le pistole le capisci?

– Sì.

– La finanza è una pistola, la politica è sapere quando devi premere il grilletto.

da *Il Padrino - Parte III* (1990)

**Roma, 1938. Il piccolo balilla Maurizio di Paolantonio e il padre fascista John Vernon:**
– Sabato m'hanno fregato pure il pon pon.
– Non si dice pon pon! È parola straniera! Chiamalo fiocco, nappa, non so! Italianizza: chiamalo pon pono!

da *Una giornata particolare* (1977)

**Matt Dillon consegna dei soldi a Michael Douglas:**
– Eccoli qua, diecimila dollari. Non li conta neanche?
– No.
– Si fida di me!
– No. Ma faccio il killer di mestiere.

da *Un corpo da reato* (2000)

**Laurence Fishburne/Morpheus offre a Keanu Reeves/Neo la scelta tra scollegarsi da Matrix e vedere il mondo reale, o rimanere all'oscuro della verità, all'interno della grande finzione virtuale:**
– Pillola azzurra, fine della storia: domani ti sveglierai in camera tua e crederai a quello che vorrai. Pillola rossa: resti nel Paese delle meraviglie e vedrai quant'è profonda la tana del Bianconiglio...

da *Matrix* (1999)

**Presentazioni fra Lewis Fitz-Gerald e Vin Diesel:**
– Paris P. Ogilvie. In viaggio d'affari. Antiquario.
– Richard Riddick. In fuga dal carcere. Assassino.

da *Pitch Black* (2000)

**Roberto Benigni immagina Dio che parla a Mosè, dopo qualche "periodo di assenza" dagli affari terreni:**
– Mosè, le hai scritte quelle due o tre cose che t'ho detto? Avete fatto un libro?! No! Come si chiama? *La Fibbia*? Che vuol dire? Ah, la Bibbia! No, io ho capito la Fibbia! Dico, è mica un libro per calzolai... la Bibbia, fai vedere! Ha venduto? Bestseller, tradotto in tutte le lingue? Porca miseria, ma guarda che bella edizione: Genesi, Esodo, la Legge, San Giovanni: "All'inizio era il Verbo". E che vuol dire? Che, avete scritto un libro di grammatica, ragazzi? All'inizio era il Verbo? Poi, casomai, all'inizio si metterà il pronome, no? Che, metti prima il verbo del pronome?! No, dico, ma che avete scritto un libro in dialetto sardo, "Mangiato io ho"? Ma che, siete impazziti?!

da *Tuttobenigni 95/96* (1996)

**Diego Abatantuono, capo ultras del Milan:**
– La parola d'ordine è sempre la stessa: viuuulenza!!!

da *Eccezzziunale... veramente* (1982)

**A un ricevimento nuziale, Kris Marshall tenta di abbordare Julia Davis commentando il rinfresco:**
– Mangi qualcosa?
– No, grazie.
– Sì, un po' moscio, vero? Sembra il dito di un bambino morto... e anche il sapore fa schifo! Io sono Colin, comunque.
– Piacere, Nancy.
– Ciao, e cosa fai Nancy?
– Faccio la cuoca.
– Anche per i matrimoni?
– Sì, anche.
– Potevano chiedere a te di fare il rinfresco.
– Me l'hanno chiesto.
– Dio, come vorrei che non avessi rifiutato.
– Non ho rifiutato.

da *Love Actually* (2003)

**Clint Eastwood al becchino, prima di affrontare tre sgherri:**
– Prepara tre casse.

da *Per un pugno di dollari* (1964)

**Gaston Monescu e Kay Francis:**
– Se fossi suo padre, la sculaccerei.
– E se fosse il mio segretario?
– Lo stesso.
– Lei è assunto.

da *Mancia competente* (1932)

**Storico comizio elettorale di Totò:**
– Chi parla di voti inutili è totalitario e in malafede, i voti inutili possono essere utili se servono a eleggere qualcuno, e questo qualcuno di cui sopra sono io. Io, concittadini di Roccasecca, io umile servo di questa nobile Rocca, Secca per modo di dire, Antonio La Trippa. Vota Antonio La Trippa, votàntonio, votàntonio, votàntonio...

da *Gli onorevoli* (1963)

**Richard Lewis e Tracey Ullman, alias strega Latrina:**
– Quale insolito nome, Latrina. Come l'ha avuto la tua famiglia?
– L'abbiamo cambiato dopo il IX secolo.
– Sarebbe a dire che l'avete cambiato in... Latrina?
– Già, prima era "Belcesso".
– Avete fatto bene, bella scelta!

da *Robin Hood – Un uomo in calzamaglia* (1993)

**La filosofia dell'ozio secondo Eduardo De Filippo:**
– Meglio seduti che in piedi, meglio sdraiati che seduti, meglio addormentati che sdraiati, meglio morti che addormentati.

da *A che servono questi quattrini?* (1942)

**Consigli di Chris Elliott a Ben Stiller, che sta per uscire con Cameron Diaz:**
– Adesso va' a sturarti il piffero e sei pronto.
– Eh?
– Va' a sturarti il piffero.
– Che vuol dire "va' a sturarti il piffero"?
– Bisogna massaggiare il collo al pollo prima di un appuntamento importante, no?
– Mm?
– Dimmi che strozzi l'anguilla prima di un appuntamento importante, dimmelo!
– Be'...
– Oh, mio Dio! Questo non frusta il cobra prima di un appuntamento importante! Ma sei pazzo?! È come andare in giro con un'arma carica!

da *Tutti pazzi per Mary* (1998)

**Theresa Russell a Jeff Fahey:**
– Dentro ogni uomo c'è un pervertito che aspetta solo di venire fuori.

da *Doppia identità* (1990)

**Diego Abatantuono:**
– Guarda tu, presempio: vedi come sei ridotto? Tu sei una schifezza: sembri uno zompi, uno dei morti che saltano.

da *Sballato, gasato, completamente fuso* (1982)

**Chris Klein e Seann William Scott:**
– Il giochetto è facile: basta che gli fai qualche domanda, le lasci parlare per qualche ora, e te la danno.
– Mi sembra una fatica disumana! Ma non potrebbero dartela prima?!

da *American Pie* (1999)

**Il sergente istruttore Lee Ermey alle reclute:**
– Io sono un duro, però sono giusto. Qui non si fanno distinzioni razziali, qui si rispetta gentaglia come negri, ebrei, italiani o messicani. Qui vige l'eguaglianza: non conta un cazzo nessuno!

da *Full Metal Jacket* (1987)

**Il maestro Arnold Schwarzenegger e un suo piccolo, rassicurante, alunno:**
– Ho mal di testa.
– Potrebbe essere un tumore.

da *Un poliziotto alle elementari* (1990)

**Hugh Grant e John Hannah:**
– Volendo fare un'ipotesi, mettiamo il caso che incontri qualcuno che ti piace a... a un matrimonio... pensi che ci siano uomini in grado di avvicinarsi a una ragazza e dirle: "Ciao bella, mi chiamo Charles, questa è la tua notte fortunata"?
– Be', se esistono non sono certo inglesi.
– Eh, infatti. Solo per decidere come rimorchiarla ci vogliono almeno tre settimane!

da *Quattro matrimoni e un funerale* (1994)

**Diego Abatantuono e Laura Antonelli:**
– Che programmino hai preparato? Cioè, come si snoda il weekend?
– Be', se ti va domani sera possiamo andare a cena in barca da Carlo e Diana.
– Diana chi?
– Diana Spencer.
– Ah, la figlia di Bud Spencer!

da *Viuuulentemente... mia* (1982)

**Colin Firth e Rupert Everett:**
– Io sono innamorato di Gwendolen, e sono venuto in città apposta per chiedere la sua mano.
– Non eri qui in gita di piacere? Allora sei venuto per affari!

da *L'importanza di chiamarsi Ernest* (2002)

**Christian Bale e Jennifer Jason Leigh:**
– Voglio tanto che questa storia funzioni, Stevie.
– Ma?
– Tu sai così poco di me. Se per caso mi trasformo in un lupo mannaro?
– Ti compro un collare antipulci.

da *L'uomo senza sonno* (2004)

**Il povero Nino Manfredi e il miliardario Johnny Dorelli:**
– Però averci un padre come lei è un bel vantaggio, eh...
– Ti sbagli: chi è nato ricco non può che perdere. E se perde, perde del suo.
– Eh, già.
– Un povero invece ha grinta, fame, voglia di vivere... beato te che non hai una lira!
– Be', certo è una bella fortuna... e che siamo tanti!

da *Pane e cioccolata* (1974)

**Il sacerdote Gennaro Nunziante sta sposando Fabio Volo e Stefania Rocca:**
– Sto sposando due persone che non conosco, ma di cui so che hanno: il 14% di possibilità di separarsi, il 58% di tradirsi, il 17% di essere infelici tutta la vita...

da *Casomai* (2002)

**Danny De Vito prende una multa da un poliziotto stradale:**
– Cinquantatré dollari? Ma è uscito di cervello?
– È un posto riservato agli handicappati. Non vede?
– Perché, io le sembro normale?
– No, ma non ha il contrassegno sul parabrezza.

da *I gemelli* (1988)

**Diane Keaton e Woody Allen:**
– Controlla i tuoi nervi: stai tremando come una foglia!
– E come volevi che tremassi?!
– Devi stare calmo, mi stai mangiando le unghie!
– Perché sei tesa!

da *Il dormiglione* (1973)

**Valentina Cortese e Francois Truffaut:**
– Ho sempre provato un'attrazione irresistibile per il fuoco.
– Sì, credo che la gente una volta guardasse il fuoco come oggi guarda la televisione. E ho l'impressione che uno ha sempre bisogno, soprattutto dopo cena, di guardare delle immagini in movimento.

da *Effetto notte* (1973)

**Il marinaio Lino Banfi, sodomizzato da uno sceicco:**
– Io sono una persona che gira i mari di tutto il mondo, mi sono fatto un culo così!

da *Com'è dura l'avventura* (1987)

**Il piccolo Freddie Highmore, circondato dai 4 nonni, sta per scartare la barretta di cioccolato che potrebbe nascondere un ambitissimo premio, ma ha un tentennamento che il nonno David Kelly risolve:**
– Forse dovrei aspettare domani.
– Tutti insieme abbiamo 381 anni. Che cosa aspettiamo a fare?!

da *La fabbrica di cioccolato* (2005)

**Roberto Benigni immagina Dio che legge per la prima volta la Bibbia davanti a Mosè:**
– E Dio fece l'uomo a sua immagine e somiglianza, poi prese una costola da Adamo e fece Eva, ebbero due figli, Caino e Abele... du' figli? Caino e Abele?! Non t'avevo detto Adele, un maschio e una femmina? Caino e Adele t'avevo detto!! Adele! Ma che nome è Abele, ma chi l'ha mai sentito? Du' maschi m'hai fatto... e infatti si so' ammazzati, per forza! Du' maschi chi trombavano, scusa?!

da *Tuttobenigni 95/96* (1996)

**Danny DeVito racconta a Michael Douglas la propria esperienza in prigione:**
– Mi buttarono in una galera! Con quelli che sembravano gli scarti di un reparto malattie contagiose: ogni bavoso diarroico purulento bieco mentecatto era in quella fogna! E tutti che mi offrivano ispezioni anali gratuite!

da *Il gioiello del Nilo* (1985)

**Sylvester Stallone/Giudice Dredd elimina un delinquente che ha ucciso un suo collega:**
– Articolo 36: Omicidio volontario di un giudice in missione.
– Fammi indovinare, ergastolo?
– (Bang) Morte. La seduta è tolta.

da *Dredd – La legge sono io* (1995)

**Il galeotto Remo Girone al figlio Libero De Rienzo:**
– Non metterti nei guai, ma se finisci nei guai fai in modo che chi ce l'ha con te finisca in guai ancora peggiori. Ascolta tutti, ma attento a non parlare con gli infami. Accetta i pareri degli altri, ma fatti sempre i cazzi tuoi. Oh, è *Amleto*.
– Bello.
– La traduzione è mia.

da *A/R Andata + ritorno* (2004)

**Kelly, alias Luther, leader dei Rogues, lancia un minaccioso invito alla banda dei Warriors:**
– Guerrieriii? Giochiamo a fare la guerraaa? Guerrieriii?! Adesso vi rompiamo il craniooo...

da *I guerrieri della notte* (1979)

**Un bimbo e l'anarchico Ugo Tognazzi:**
– Che hai alla mano?
– È di legno, caro. Sì, sono cose che tu non puoi capire, ma te lo dico lo stesso: io sono un anarchico.
– Tutti gli anarchici hanno una mano di legno?
– No. Soltanto i fessi come me che si sono fatti scoppiare la bomba in mano.

da *Il padre di famiglia* (1967)

**Woody Allen e Mariel Hemingway:**
– Ehi, non dire a me cos'è antiquato, okay? Tu hai diciassette anni, vi hanno cresciuto con la droga, la televisione e la pillola. Io... io ho fatto la guerra, sono stato in trincea.
– Se avevi otto anni, durante la guerra!
– Vero, non sono stato in trincea. Giocavo, durante il conflitto: posizione di estremo disagio!

da *Manhattan* (1979)

**Lia di Lèo a Charles Boyer:**
– Una donna può rifiutare un gioiello fin quando non l'ha visto. Dopo, diviene eroismo.

da *I gioielli di Madame de...* (1953)

**Woody Allen a Jason Biggs:**
– Secondo te, la fisica quantistica ha la risposta? Scusa, ma a che cosa mi può servire che tempo e spazio siano esattamente la stessa cosa? Cioè, chiedo a uno: "Che ora è?" e lui mi risponde: "6 chilometri"? Ma che roba è?!

da *Anything Else* (2003)

**L'anziano Jean Rochefort a Johnny Hallyday:**
– Arrivati a una certa età si comincia a dar più importanza al tempo che fa che al tempo che passa.

da *L'uomo del treno* (2002)

**Il carcerato Memmo Carotenuto e la fidanzata Rosanna Rory:**
– Guarda che quando esco, se quel lavoro viene bene, te compro la pelliccia, te compro!
– Ma perché non me sposi?
– Ma come, esco da una condanna e me ne vuoi appioppa' n'antra?! A matta!

da *I soliti ignoti* (1958)

**John Wayne risponde a un suo sottoufficiale, riguardo al rischio che il convoglio che scorta un gruppo di ragazze venga attaccato dai pellerossa:**
– Arriveremo con mezza giornata di ritardo.
– Le signorine perderanno la corriera.
– Preferisci che perdano il cuoio capelluto?

da *I cavalieri del Nord-Ovest* (1949)

**Damon Wayans e Bruce Willis:**
– Tu leggi molto?
– Il mio abbonamento a "Donne in calore" è scaduto quest'anno.

da *L'ultimo boyscout – Missione: sopravvivere* (1991)

**La prostituta Julia Roberts chiede alla collega Laura San Giacomo il nome di almeno un'amica che abbia conosciuto un cliente ricco e bello che l'abbia sposata:**
– Tu fammi un solo esempio di una che conosciamo alla quale è andata bene.
– Vuoi un esempio? Vuoi che ti faccia un nome? Vuoi che ti dica un nome insomma, uno qualunque.
– Sì, uno. Me ne basta uno.
– Dio, che ossessione sono i nomi... quella gran culo di Cenerentola!

da *Pretty Woman* (1990)

**L'allenatore Clint Eastwood e la ragazza pugile Hilary Swank devono andare a Las Vegas:**

– Preferisci andare in aereo o vuoi che prendiamo la macchina?
– Allora anch'io posso decidere qualcosa?
– È quello che ti sto dicendo.
– Bello! Andata aereo, ritorno macchina.
– È la cosa più stupida che abbia mai sentito! Come si fa a fare una cosa del genere?
– Io ho deciso così!

da *Million Dollar Baby* (2004)

**Il presidente degli Stati Uniti Peter Sellers al telefono col presidente russo:**

– Senti un po', Dimitri, ti ricordi che noi... noi abbiamo sempre parlato di questa possibilità che succedesse qualche inconveniente con la bomba... la bomba, Dimitri! La bomba all'idrogeno. Be', insomma, è successo questo: uno dei nostri comandanti di base ha... ha avuto come... be', insomma gli è girato il boccino, be' sai, è diventato un po' strano e... insomma, ha fatto una sciocchezzuola... ecco, adesso ti dico cos'ha fatto: ha... ordinato ai suoi aerei di venirvi a bombardare!

da *Il dottor Stranamore, ovvero come imparai a non preoccuparmi e ad amare la bomba* (1964)

**John Belushi incoraggia se stesso e i compagni della confraternita Delta, espulsi dal college dal rettore Wormer:**
– Ehi, e noi ce ne stiamo qui con le mani in mano?!
– Perché, secondo te, Bluto, che cosa dovremmo fare?
– La guerra è finita amico, e Wormer l'ha vinta.
– Cosa? È finita? Hai detto "finita"?! Non finisce proprio niente, se non l'abbiamo deciso noi! È forse finita quando i tedeschi hanno bombardato Pearl Harbor? Col cazzo che è finita!
– I... tedeschi?!
– Lascialo perdere, è partito.
– E qui non finisce, perché quando il gioco si fa duro... i duri cominciano a giocare!

da *Animal House* (1978)

**Juliette Lewis e George Clooney:**
– Seth, ti senti bene?
– A meraviglia, Kate. Il mondo è ai miei piedi. Eccetto il fatto che ho appena infilato un bastone di legno nel petto di mio fratello che si era trasformato in un vampiro assetato di sangue, anche se non ho mai creduto ai vampiri. A parte questo incidente un po' sgradevole, va tutto a meraviglia.

da *Dal tramonto all'alba* (1996)

**Jack Nicholson e Philip Stone, all'Overlook Hotel:**
– Mister Grady, noi due ci siamo mai visti prima?
– No, Sir, credo proprio di no.
– Ehm, mister Grady... ma lei non era il custode di questo albergo?
– Ma no, Sir, non mi pare proprio.
– Lei è sposato non è vero, mister Grady?
– Certo, Sir, ho moglie e due figlie, Sir.
– E... dove sono ora?
– Oh, da qualche parte, al momento dove non saprei, Sir.
– Mister Grady? Lei faceva il custode qui... io l' ho riconosciuta, ho visto su dei giornali la sua fotografia, lei ha... fatto a pezzi moglie e figlie... piccolissimi pezzi, e poi si è sparato al cervello.
– È strano, Sir... molto, è una cosa che non ricordo affatto.
– Mister Grady... io so che è il custode dell'albergo...
– Mi dispiace di doverla contraddire, ma è lei il custode dell'albergo, è sempre stato lei il custode, io lo so perché io sono qui da sempre...

da *Shining* (1980)

**La cattivissima Uma Thurman/Poison Ivy:**
– Ho molte persone da uccidere e ho così poco tempo!

da *Batman & Robin* (1997)

**Il pistolero Dennis Quaid:**
– Mia madre mi diceva sempre: mai rimandare a domani quello che puoi ammazzare oggi.

da *Wyatt Earp* (1994)

**Gabriele Ferzetti a Henry Fonda:**
– Era proprio necessaria quella strage? Ti avevo detto solo di spaventarli.
– Chi muore è molto spaventato.

da *C'era una volta il West* (1968)

**Jacobo Morales e Woody Allen:**
– Vargas ti sfrutta per fare una grossa propaganda contro di noi, e ovviamente quello che proprio non vuole è che tu ricompaia e dica al mondo la verità. Cosa credi che accadrebbe se mostrassi la tua faccia al di fuori di qui? Ti taglierebbe la gola e ti seppellirebbe.
– Mi taglia la gola? Significa precludermi i gargarismi!

da *Il dittatore dello Stato libero di Bananas* (1971)

**L'agente Robert Miranda ordina ai suoi uomini di proteggere la testimone Vanessa Williams:**

– Mettiamogli subito due uomini alle costole, o ci vorrà una seduta spiritica per farla deporre.

da *Eraser - L'eliminatore* (1996)

**Il cacciatore di vampiri Jack Crow e il prete Tim Guinee:**

– Lei ha mai visto un vampiro?

– No.

– Per prima cosa non sono romantici, chiaro? Non assomigliano affatto a un branco di transessuali che se ne vanno in giro in abito da sera a tentare di rimorchiare tutti quelli che incontrano con un falso accento europeo. Dimentichi quello che ha visto al cinema: non diventano pipistrelli, le croci non servono a niente. L'aglio? Vuole provare con l'aglio? Si metta una treccia d'aglio intorno al collo e quei vigliacchi le arrivano alle spalle e glielo mettono allegramente in quel posto mentre intanto le succhiano il sangue senza cannuccia. Non dormono in bare di lusso foderate di seta. Vuole ammazzarne uno? Gli pianti un paletto di legno direttamente in mezzo al cuore, il sole li riduce in cenere nel giro di un minuto...

da *Vampires* (1998)

**I detective Morgan Freeman e Brad Pitt:**
– Sono ormai anni che l'FBI registra le uscite dei libri dalle biblioteche.
– E multa i ritardatari?
– No, controlla che letture si fanno. Allora...
– Cosa?
– Ci sono libri bollati. Libri sul nucleare, per esempio. O *Mein Kampf*. Quindi se tu richiedi un libro bollato, la tua scheda bibliotecaria finisce all'FBI nei computer del governo.
– Frena frena frena. Sicuro che è legale?
– Ah, legale, illegale... che termini obsoleti!

da *Seven* (1995)

**Gli acchiappafantasmi Dan Aykroyd e Harold Ramis chiedono un favore a Rick Moranis:**
– Sa, signor Tully, che lei è un uomo fortunatissimo.
– Lo so.
– Ha partecipato al più grande evento paranormale interdimensionale dopo l'esplosione di Tungulska del 1909.
– È stato grandioso.
– Ci darebbe un campione di tessuto cerebrale?
– Ok.

da *Ghostbusters* (1984)

**Woody Allen e Diane Keaton:**
– Tu sei un soggetto da esperimento. Sei tutta un groviglio di sintomi.
– Ma sono gli altri che ti fanno diventare così. Io penso che siano tutte cose che ti accadono da piccolo: tu ti senti brutto, i tuoi genitori divorziano, ti senti abbandonato. Anche tu devi avere questo tipo di complessi.
– No, i miei genitori non hanno mai divorziato, sebbene io li scongiurassi.

da *Provaci ancora, Sam* (1972)

**Alec Guinness:**
– Nel ballo è come nella vita: è la donna che si deve adattare all'uomo.

da *Asso pigliatutto* (1952)

**Renée Zellweger/Bridget Jones decide di cambiar vita:**
– All'improvviso ho realizzato che se non cambiava qualcosa in fretta avrei vissuto una vita in cui il rapporto più importante sarebbe stato quello con una bottiglia di vino, e alla fine sarei morta grassa e sola, e mi avrebbero ritrovata dopo tre settimane divorata dai cani alsaziani. O sarei diventata come Glenn Close in *Attrazione fatale*...

da *Il diario di Bridget Jones* (2001)

**In una miniera d'oro, il cacciatore di tesori Jack Palance e i fratelli Jon Lovitz e Billy Crystal:**
– Dentro questa caverna c'è stato mio padre.
– E tu come lo sai?
– Lo so e basta!
– Anche noi sapevamo dire se nostro padre era stato in bagno prima di noi!

da *Scappo dalla città 2* (1994)

**Anthony Hopkins/Hannibal Lecter a Jodie Foster/Clarice Starling:**
– Sai cosa mi sembri, con la tua borsetta pulita e le scarpette a buon prezzo? Mi sembri una campagnola. Un'energica campagnola ripulita con poco gusto. Sei stata nutrita bene e questo ha allungato le tue ossa, ma non ti sei spinta più in là di una generazione rispetto ai rifiuti umani da cui provieni, vero? E quell'accento che hai tentato così disperatamente di perdere, pura Virginia occidentale. Che fa tuo padre? Fa il minatore? Puzza ancora di lampada a petrolio? So come ti hanno scoperta in fretta i ragazzi, tutti quei noiosi, puzzolenti palpeggiamenti sui sedili posteriori delle macchine, mentre tu avevi un solo sogno: andartene via, cercare qualunque cosa ti desse la possibilità di arrivare all'FBI!

da *Il silenzio degli innocenti* (1991)

**La pluridivorziata Ivana Trump alle donne lasciate dai mariti:**
– Signore, dovete essere forti e indipendenti, e ricordate: non prendetevela, prendetevi tutto!

da *Il club delle prime mogli* (1996)

**Kathleen Turner:**
– Con la giusta sfumatura di rossetto e un bel paio di scarpe nuove, una ragazza sente che tutto è possibile.

da *Detective coi tacchi a spillo* (1991)

**Angelica Houston/Morticia, contemplando la statua dei suoceri:**
– Mamma e papà Addams! Come vorrei che i bambini li avessero conosciuti meglio. Ma vallo a spiegare a quella folla inferocita!

da *La famiglia Addams* (1991)

**L'angelo impazzito e omicida Matt Damon commenta la propria follia omicida e quella del "collega" Ben Affleck:**
– Questa è ... secoli di repressione che viene liberata. Bastava lasciarci fare qualche sega, non vi pare?

da *Dogma* (1999)

**Mariano D'Angelo e Enzo Salvi:**
– Oscar, ma tua moglie, quando viene, strilla?
– No, mia moglie, quando viene, c'ha le chiavi.

da *Le barzellette* (2004)

**Voce fuori campo di dj BuS:**
– Ci sono solo due giorni a cui non penso mai: ieri e domani.

da *Tre metri sopra il cielo* (2004)

**Richard Pryor:**
– Lo conoscete il detto "Se le cazzate valessero un soldo, io sarei milionario"? Be', io sono milionario!

da *Chi più spende... più guadagna* (1985)

**In albergo, confusione tra ragazze e chiavi. Cannavale e Bombolo:**
– Le chiavi?
– Ahò! Le ho appena conosciute!

da *La settimana bianca* (1980)

**Hugh Grant tenta di sedurre la sua ex, Renée Zellweger:**
– Bridget, non abbiamo tutti diritto a una seconda chance?
– A parte Hitler...

da *Che pasticcio, Bridget Jones!* (2004)

**L'inglese Daniel Day-Lewis:**
– Il settimo giorno il Signore si riposò, ma prima di farlo si accovacciò fuori dalle sponde d'Inghilterra, e quello che defecò fu l'Irlanda!

da *Gangs of New York* (2002)

**Robert Loggia implora pietà ad Al Pacino, affiancato dall'amico Steven Bauer:**
– Tony, non mi ammazzare ti prego!
– Io non ti ammazzo.
– Grazie!
– Manny, spara tu a quel pezzo di merda.

da *Scarface* (1983)

**Dirk Hunter vede uno zombie sbranare i familiari, e commenta:**
– Ai miei tempi si portava rispetto per i genitori: non se li mangiava nessuno!

da *Undead* (2003)

**In bagno, Terence Hill e Bud Spencer:**
– Certo che è un gran bel cesso.
– Mm... perché due tazze?
– Non lo sapevi, la gente ricca la fa insieme no?

da *Nati con la camicia* (1983)

**Dan Dailey e Gordon MacRae:**
– Hai avuto un altro figlio?
– Una femminuccia!
– Le femminucce hanno un solo difetto: diventano donne.

da *La felicità non si compra* (1956)

**Harvey Keitel a Quentin Tarantino:**
– Sono il signor Wolf, risolvo problemi.

da *Pulp Fiction* (1994)

**Bob Harvey e Ellen De Generes:**
– Vendere mi viene naturale, è una missione. Credo che riuscirei a vendere un forno anche agli eschimesi!
– Vuoi dire un frigorifero.
– E cosa se ne fanno di un frigorifero?!

da *Un marito... quasi perfetto* (1996)

**Le amiche ventenni Myriam Catania e Valeria Solarino:**
– Quanti anni avrà Celentano? Ottanta, ottantacinque?
– Che, ottanta?! Ne ha settanta, settantadue al massimo!
– Ma che! Quando so' nata io, era già Celentano! Già era pelato!

da *Che ne sarà di noi* (2004)

**Federico Fellini sul taxi del tassinaro Alberto Sordi:**
– Lei li ha visti i miei film, sì?
– Come? Tutti li ho visti, tutti tutti tutti. L'ultimo è stato quello lì della fontana di Trevi con quella buciona che faceva er bagno, quella tutta bionda, come si chiama? La...
– *La dolce vita*.
– *La dolce vita*! Dol-ce vita! *Zucchero e peperoncino*, *Roma città aperta*, *Sciuscià*, *Paisà*: tutti li ho visti, tutti tutti tutti!

da *Il tassinaro* (1983)

**Delirante dialogo tra Keanu Reeves/Neo e l'Architetto di Matrix, George Carlin:**
– Perché mi trovo qui?
– La tua vita è un prodotto di un residuo non compensato di bilanciamento delle equazioni inerenti alla programmazione di Matrix, tu sei il risultato finale di un'anomalia che nonostante i miei sforzi sono stato incapace di eliminare da quella che altrimenti è un'armonia di precisione matematica. Sebbene resti un problema costantemente arginato essa non è imprevedibile pertanto non sfugge a quelle misure di controllo, che hanno condotto te, inesorabilmente... qui.

da *Matrix Reloaded* (2003)

**Holland Taylor cerca di dissuadere Kathleen Turner dall'andare in Colombia:**
– Ascoltami, tu soffri l'aereo, il treno, il pullman. Praticamente vomiti sulle scale mobili ai grandi magazzini!

da *All'inseguimento della pietra verde* (1984)

**James Fleet tiene un discorso al matrimonio di un amico:**
– Quando il mio amico Bernard mi ha detto che si era fidanzato con Lydia, io gli ho fatto le mie congratulazioni, perché tutte le sue precedenti ragazze erano degli autentici cessi! Comunque, voglio chiarire che siamo felicissimi che siano tutte qui con noi, oggi...

da *Quattro matrimoni e un funerale* (1994)

**Groucho Marx:**
– L'Africa, si sa, è la terra di Dio. E può tenersela!

da *Animal Crackers* (1930)

**Pascale Ogier a Fabrice Luchini:**
– La sola cosa che mi impedisce di amarlo come vorrei è il suo troppo amore. Quando mi amano troppo, io, automaticamente amo meno.

da *Le notti della luna piena* (1984)

**Lesley Ann Warren e Madeline Kahn:**
– Forse c'è un'altra vita dopo la morte.
– È un'ipotesi improponibile. Come fare sesso dopo il matrimonio.

da *Signori il delitto è servito* (1985)

**Treno diretto a Ortisei, cuccetta. Prima che tutti si addormentino, Gigi Reder/Filini rassicura il gruppo, seguito dalla voce fuori campo di Paolo Villaggio:**
– Dormite pure tranquilli, domattina vi sveglio io mezz'ora prima di Ortisei! (C'era poco da stare tranquilli, perché Filini era un dormitore da competizione, ma ancor più da temere era il geometra Calboni, per una sua turba dal nome scientifico di *Ventilatio intestinalis putrens*... l'aria diventò subito irrespirabile...)

da *Fantozzi contro tutti* (1980)

**Giampaolo Morelli e Martina Merlino, in una notte stellata greca:**
– Quante stelle, eh?! Lo sai che ci sono stelle lontane milioni di anni luce? Certo che siamo veramente insignificanti davanti all'universo, eh!
– Parla per te, scusa, eh!

da *Dillo con parole mie* (2003)

**La diciassettenne Mariel Hemingway e Woody Allen, a letto insieme:**
– Facciamolo in qualche modo strano che avresti sempre voluto fare ma nessuna ha mai voluto.
– Sono scioccato! Ma che razza di discorsi per una bambina della tua età!
– Be'?
– Allora prendo il mio equipaggiamento da sub e ti faccio vedere io!

da *Manhattan* (1979)

**Michael Caine e Sandra Bullock:**
– Perché il New Jersey viene chiamato "lo Stato giardino"?
– Perché sulla targa non ci entra "Stato di raffinerie petrolifere e petrolchimiche"?

da *Miss Detective* (2000)

**In carcere, Enrico Montesano al compagno di cella gay Lino Banfi:**
– Detenuto, hai un po' di dentifrocio?

da *Il furto è l'anima del commercio* (1971)

**Il depresso cronico Robin Williams:**
– Per anni ho pensato di suicidarmi. È stata l'unica cosa che mi ha tenuto in vita.

da *Due padri di troppo* (1997)

**A cena, Miranda Raison, col volto coperto da un velo, e Rob Schneider:**
– Forse si starà chiedendo perché porto questo velo.
– Io no, ma se le va di parlarmene... prego.
– Sono cresciuta a Chernobyl.
– Chernobyl? Che bel nome.
– Mia madre lavorava in reattore nucleare quando rimasta incinta di me. Invece di naso, sono nata con appendice in faccia. Appendice... maschile.
– Mm... originale!

da *Deuce Bigalow: puttano in saldo* (2005)

**Francesca Giovannetti e il marito Ale si salutano, parlando di Franz:**
– Sono più tranquilla, perché c'è mio fratello che ti dà una mano. Be', insomma, quattro braccia sono meglio di due. Ciao!
– Ciao... vorrei averle io quattro braccia! Così, mentre con due lo strozzo, con le altre due mi faccio un applauso!

da *La terza stella* (2005)

**Diego Abatantuono, alias mago di Segrate:**
– Il mio tempo è denaro! Ogni minuto per me vale miliardi, ma che dico miliardi? Milioni! Di dollari però, cioè so' anche ironico!

da *Grand Hotel Excelsior* (1982)

**Claudia Cardinale e Alberto Sordi, italiano emigrato in Australia:**
– Hai mai pensato di sposare un'australiana?
– Io? Non posso.
– Perché?
– Be', prima di tutto perché non sono il mio tipo. E poi quelle bevono, fumano, sono quasi tutte laureate. Rientrano a casa alle due di notte e se per caso tu gli domandi: "Dove sei stata?" si arrabbiano pure. Ti rispondono cattive: "This is my business".
– Che vuol dire?
– Vuol dire: so' affari miei.
– Hai capito!
– Ah, no? Vedi, Carmela, noi emigranti vogliamo sposare una donna italiana perché è obbediente, è bella, buona, affettuosa. E poi, scusa se mi esprimo in modo un po' spinto, ma quando una ragazza italiana arriva dal suo paese, tu sei sicuro che è vergine.
– Molto, eh, che manchi dall'Italia?
– Vent'anni.
– Si vede.

da *Bello, onesto, emigrato Australia sposerebbe compaesana illibata* (1971)

**Una giornalista pone una domanda indiscreta riguardo l'Uomo di gomma:**
– È vero quello che dicono di lui, che può allungare ogni sua parte anatomica...?!

da *I Fantastici 4* (2005)

**Gli agenti speciali Gary e Lisa:**
– Secondo te, ci metteremo mai insieme?
– Solo se mi prometti che non morirai mai.
– Lo sai che non posso prometterlo.
– Se lo farai, in cambio te la do all'istante.
– Ti prometto di non morire mai!

da *Team America - World Police* (2004)

**La giovane Carolina Liquanello sta leggendo un libro di un autore surrealista praghese. Il professore Sergio Castellitto sbircia il titolo in copertina, e commenta:**
– *Retrogusto acre della vendemmia*. Carino, un po' ridondante... però certe volte è colpa della traduzione. Sai, i traduttori tendono sempre un po' ad appiattire tutto.
– L'ha tradotto mia madre dal ceco.

da *Caterina va in città* (2003)

**Il professore Silvio Orlando e l'ignorantissimo preside Mario Prosperi:**
– Lei ha presente le *Metamorfosi* di Ovidio?
– Al momento non mi sovviene.
– E il film *La mosca*? L'ha visto il film *La Mosca*?
– No.
– *La metamorfosi* di Kafka?
– Mi dispiace, non l'ho visto.

da *La scuola* (1995)

**Lo sceriffo pone due domande. Ciccio e Franco rispondono:**
– E allora sentiamo, dove siete nati?
– Ad Agrigento.
– E in che Stato si trova?
– In pessimo stato, specialmente quando piove.

da *I due figli di Ringo* (1966)

**Jack Nicholson/Joker:**
– Batman, Batman... C'è qualcuno che sa dirmi in che razza di mondo stiamo vivendo? Dove un uomo si traveste da pipistrello? E si frega tutta la mia stampa?! Questa città ha bisogno di un clistere!

da *Batman* (1989)

**David Niven:**
– Uomini e donne non si metteranno mai d'accordo, e per una ragione fondamentale: mirano a cose completamente diverse. L'uomo vuole una donna e la donna vuole un uomo.

da *Le donne hanno sempre ragione* (1957)

**Totò:**
– La signorina è illibata e solo io, il marito, la posso delibare.

da *Totò e le donne* (1952)

**Uma Thurman, nell'incipit del film:**
– Sembravo morta, vero? Ma non lo ero. Non perché non ci avessero provato, intendiamoci. A dire il vero l'ultimo proiettile di Bill mi mandò in coma. Coma in cui sono rimasta per quattro anni. Al mio risveglio, ho agito spinta da quella che la pubblicità del film definisce una ruggente furia vendicativa. Ho ruggito. E mi sono infuriata. E mi sono presa tante soddisfazioni. Ho ucciso tante persone per arrivare fin qui. Ma ne devo uccidere ancora una, l'ultima, quella da cui sto andando ora. La sola rimasta in vita. E quando sarò arrivata a destinazione, io ucciderò Bill!

da *Kill Bill – Vol. 2* (2004)

**Charles Napier e Richard Crenna rispediscono Sylvester Stallone in Vietnam:**
– Non possiamo correre il rischio di mandare in quell'inferno un tipo così traumatizzato.
– Traumatizzato? Le voglio dire che Rambo è il migliore soldato che abbia mai avuto, una vera macchina da combattimento con un solo scopo: vincere quella guerra che altri hanno perso. E se per vincerla deve morire, lui morirà. Né paure, né rimpianti. Ah, Murdock, un'altra cosa: quello che lei chiama inferno, lui lo chiama casa.

da *Rambo 2 – La vendetta* (1985)

**Eugene Levy e Alyson Hannigan, presto suocero e nuora:**
– Perché secondo te, Michelle, si dice "fare l'amore"?
– Non lo so... io dico sempre "trombare"!
– "Trombare"... quando fai altre cose insieme a Jim, quando non stai... trombando, che cosa provi?
– Sono arrapata e ho voglia di trombare!
– Ma non si può trombare dall'alba al tramonto, cara!
– Lo hai mai provato?
– Certo che ho provato... certo... ho trombato dall'alba fino al brunch più di una volta ma, trombate a parte, io penso che si dica "fare l'amore" perché devi far funzionare l'amore. Insomma, si tratta di fare compromessi, sacrifici, e credo che Jim si sia sacrificato. Dio mio, si è rasato tutta la zona del pube, cosa che sconcerterebbe molto altre civiltà del mondo, ma lui l'ha fatto e... e... l'ha fatto per te.
– Ah, sì, è vero! L'amore non è solo un sentimento: è raderti le palle!

da *American Pie: il matrimonio* (2003)

**Preston Foster e Carole Lombard:**
– Io non ho nessuna preoccupazione, cara.
– Sposami e vedrai.

da *La bisbetica innamorata* (1936)

**L'americano a Roma Alberto Sordi e la madre Anita Durante:**

– Mami e papi, mami e papi, io vi adoro, mami.
– Sta' fermo con quel tortore.
– Tortore, mami? Questa mazza, mami, un giorno sarà firmata Joe Di Maggio. Tu sai chi è Joe Di Maggio, mami?
– Nando!
– Non sai chi è Joe Di Maggio, mami?
– Nando!
– È una cosa complicata, vero? Joe Di Maggio è un giovane italiano, mami, che da bimbo fu trasferito nel Kansas City.
– Oh, ce risemo con 'sto Kansas City!
– Questo intrepido bimbo prese la mazza e ha sposato Marilina. Se anch'io da bimbo, mami, fossi stato trasferito nel Kansas City... invece so' stato bloccato dalla scarlattina... do you remember mami quando ho ricevuto la scarlattina? You don't remember?

da *Un americano a Roma* (1954)

**Passeggeri su un aereo in partenza, Marcy Goldman e Robert Hays:**

– Nervoso?
– Sì.
– Ah. È la prima volta?
– No, mi capita spesso di essere nervoso.

da *L'aereo più pazzo del mondo* (1980)

**Woody Allen parla del fratello Ivan a Diane Keaton:**
– Non fraintendermi, lo amo come un fratello: come Caino Abele.

da *Amore e guerra* (1975)

**La guardia del manicomio Noel Evangelisti e Linda Hamilton:**
– Mi hai spezzato il braccio!
– Ci sono 215 ossa nel corpo umano, quello è il primo.

da *Terminator 2 - Il giorno del giudizio* (1991)

**Terence Hill e Bud Spencer:**
– Ce la giochiamo a carte?
– No.
– Vuoi forse dire che sono un baro?
– Eh, proprio così.
– Ah!
– Perché non facciamo a braccio di ferro?
– No.
– Ah, sono troppo forte per te, eh?
– Eh, proprio così!
– Senti, giochiamocela a birra e salsicce.
– Sarebbe?
– Una birra e una salsiccia, una birra e una salsiccia... il primo di noi che scoppia paga il conto e perde la macchina.
– Ok, dove?

da ... *Altrimenti ci arrabbiamo!* (1974)

**Goldie Hawn racconta a Susan Sarandon di aver fatto l'amore con Geoffrey Rush, in astinenza da dieci anni:**
– Erano dieci anni che viveva in letargo. In un certo senso mi è piaciuto, però, sai, mi sembrava di fare un'opera di bene. Quando è venuto sembrava che stesse sulla sedia elettrica!

da *Due amiche esplosive* (2002)

**Eddie Murphy, deputato al Congresso degli Stati Uniti:**
– Lo sai cosa mi piace qui? Il fatto che tutti mi chiamano "membro". Ogni volta che lo sento dire mi viene in mente il mio cioccolatone!

da *Il distinto gentiluomo* (1992)

**Edwige Fenech e il taxista Diego Abatantuono:**
– Senta, io ho una fretta pazzesca. Le ho detto "ambasciata americana", "Stati Uniti", via Veneto, va bene?
– Ah, via Veneto! Quella di Fellino, La Dolce vita, il vitellone, la bella epòca, dove c'è la Mukberg che fa il bagno dentro la piscina di Trevo... capito, capito.

da *Sballato, gasato, completamente fuso* (1982)

**Simon Rex e Charlie Sheen:**
– Io ho un sogno.
– Quale sogno?
– Avere un sogno!

da *Scary Movie 3 – Una risata vi seppellirà* (2003)

**William Daniels al figlio John Larroquette, che sta per sposarsi con Kim Basinger:**
– Pensate di avere figli?
– Naturale.
– Bene, allora so che cosa farvi per regalo di nozze.
– Ah sì, cosa?
– Una vasectomia.

da *Appuntamento al buio* (1987)

**Woody Allen e Diane Keaton:**
– Hai da fare venerdì sera?
– Oh, be', no.
– Oh, scusa, aspetta... ho da fare io. Cosa fai sabato sera?
– Oh, no, niente, io...
– Stai andando a ruba a quanto sento.
– Lo so...
– Hai un principio di lebbra?

da *Io e Annie* (1977)

**Sandra Bullock e Hugh Grant:**
– Io una volta mi sono innamorata.
– Ah, davvero? Di chi, se non sono indiscreto...? E niente nomi di cani!

da *Two Weeks Notice – Due settimane per innamorarsi* (2002)

**Jason Mewes ascolta un consiglio del proprio angelo custode:**
– Ricorda, non tirare fuori l'ugello se non è lei a chieder quello. O almeno, aspetta che si addormenti, e poi bam, bam, bam!

da *Jay & Silent Bob... Fermate Hollywood!* (2001)

**L'attempata rockstar Bill Nighy risponde in diretta radiofonica al dj Brian Bovell:**
– Quando ero giovane e avevo successo ero avido e stupido, e adesso sono rimasto senza niente, devastato dalle rughe e solo.
– Accidenti, ti ringrazio tanto Bill!
– Di che cosa?
– Di aver risposto sinceramente alla mia domanda. Non capita spesso qui a Radio Walford, te lo assicuro!
– Chiedimi quello che ti pare e ti dirò la verità.
– La più bella scopata della tua vita?
– Britney Spears! No, scherzavo! Non è stata un granché.

da *Love Actually* (2003)

**Goldie Hawn cerca di convincere Bruce Willis a uccidere la moglie Meryl Streep:**
– Quando lei se ne sarà andata, tu potrai ricominciare una nuova vita Ernest. Io potrò ricominciare una nuova vita! Oh, ci pensi quanto saremo felici insieme? Lei ti sta uccidendo!
– Allora sarebbe legittima difesa!

da *La morte ti fa bella* (1992)

**Il giudice Diego Abatantuono al maneggione Silvio Orlando:**
– Perché, vede, c'è un grosso equivoco. Si pensa sempre che la causa di un arresto siano i giudici. Invece sono le vostre malefatte!

da *Arriva la bufera* (1993)

**Tony Ganios:**
– Le ho dovuto far vedere perché mi chiamano "Pilone"...

da *Porky's 3 - La rivincita* (1985)

**L'allenatore di dodgeball Rip Torn si complimenta col proprio giocatore Justin Long:**
– Sei utile più o meno quanto un lecca lecca al gusto di merda!

da *Palle al balzo - Dodgeball* (2004)

**Stefania Sandrelli e il sacerdote in abito talare Alberto Sordi sono bloccati da ore in ascensore:**
– Ma che è successo?
– Niente, non è successo niente.
– Niente?
– No.
– Ma come? Mi dici: solleva le gambe, fai questo, fai quello e io scema... ahi... ma non si fa così a tradimento! Eh, capito? Potevi chiedere almeno, no?
– Beva un po' d'acqua, le farà bene.
– E dopo quello che è accaduto mi dai del lei? Ma è assurdo!
– Non mi sembra affatto assurdo, anzi, se lei riflette bene non è accaduto nulla che ci induca a darci del tu.
– Ma come? Non ho capito.
– Vede signorina, se un uomo e una donna, come noi due ad esempio, rimangono bloccati in un ascensore, nel medesimo momento vengono anche privati del loro libero arbitrio.
– Che sarebbe?
– Non possono più decidere liberamente delle loro azioni.
– Cioè?
– Poniamo il caso che lui, l'uomo, si senta minacciato dal richiamo dei sensi. Può usare, come nel nostro caso, il suo libero arbitrio uscendo dall'ascensore?

– No.
– E lei, la donna?
– Neanche.
– E allora, che significato può dare, signorina, a un fatto che è accaduto contro la volontà delle due persone?
– Ah, ho capito... vuol dire che è come se non fosse accaduto?
– Non "come se": lei deve convincersi che il fatto non è accaduto.
– Non è accaduto?
– No. E allora, mia cara ragazza, continuiamo a darci del lei, e siccome non sussiste peccato, io l'assolvo senza alcuna penitenza!

da *Quelle strane occasioni* (1976)

**Albert Brooks e il malavitoso David Suchet:**
– Io sono sposato, tu sei sposato?
– Sì sono sposato... oh, be', in effetti sono separato... e va bene, l'ho uccisa!

da *Matrimonio impossibile* (2003)

**Greg Kinnear e Eva Mendes alle prese con le parole crociate:**
– Qual è una parola di quattro lettere per "il migliore amico di un uomo"?
– "Culo"?

da *Fratelli per la pelle* (2003)

**Harold Gould e Woody Allen:**
– Lei non è quel giovane codardo di cui parla tutta San Pietroburgo?
– Giovane? Ho trentacinque anni!

da *Amore e guerra* (1975)

**A un concorso di bellezza, Michael Caine allunga una crema a Sandra Bullock. Lei domanda:**
– È una pomata per le emorroidi? I giudici scrutano davvero così in profondità?
– Serve per attenuare le borse sotto gli occhi.

da *Miss Detective* (2000)

**"Perla di saggezza" di Giancarlo Giannini:**
– La femmina è un oggetto di piacere. Trastullo per il lavoratore!

da *Travolti da un insolito destino nell'azzurro mare d'agosto* (1974)

**Un ragazzino e Alvaro Vitali:**
– Pensa, ho un fratello che da cinque anni suona al conservatorio.
– Ammazza, oh! So' cinque anni che sòna e ancora non gli hanno aperto?

da *Pierino colpisce ancora* (1982)

**Il capitano dei carabinieri Mauro Marchese interroga Carlo Verdone, seduto a fianco della moglie, che ha preso parte a un incontro per single in cerca di compagnia:**
– Quindi lei è sposato!
– Eh... sì, da... da vent'anni, con una figlia di diciassette.
– E allora mi spiega perché qui sull'iscrizione ha scritto "vedovo"?
– Ho scritto?
– Vedovo!
– Veneto...
– Stato civile "veneto"?!!

da *L'amore è eterno finché dura* (2004)

**Michel Piccoli a Macha Méril:**
– Nei bar non ci si annoia mai: non è come in chiesa che resti solo con l'anima tua.

da *Bella di giorno* (1967)

**Woody Allen risponde alla domanda di una giornalista:**
– Ho sentito che ha studiato filosofia.
– Ah, no, non è vero. Io feci, sì, un corso di filosofia esistenziale all'università di New York. All'esame mi diedero dieci quesiti e non seppi rispondere neanche a uno... e consegnai in bianco. Presi centodieci.

da *Stardust Memories* (1980)

**Il poliziotto russo Arnold Schwarzenegger e uno spacciatore americano:**
– Noi non siamo come polizia americana. Tu spedisci droga in mio paese e una mattina tu svegliare con vicino tuo letto i tuoi testicoli che galleggiano in bicchiere d'acqua.
– Ho fatto voto di castità, non mi servono i miei testicoli.

da *Danko* (1988)

**Roberto Benigni:**
– Io sono di origine contadina, no? Quando ero ragazzo, il mi' babbo, tutte le sere alle nove di sera, finito di cenare, siccome non avevamo il bagno in casa, lui si alzava, prendeva un foglio di carta gialla, quello che davano nei negozi per incartare la roba, se lo metteva sotto il braccio e diceva: "Io scendo in campo". E se ne andava. Ecco, tutte le sere la sentivo... no dico, ci tengo a precisare che il mi' babbo è una persona pulitissima eh, però non avendo il bagno in casa, ce la svolgevamo tutti così. Quando io e il mi' babbo abbiamo sentito Berlusconi, a reti unificate, dire: "Italiani, io stasera scendo in campo!", il mi' babbo ha fatto due occhi così: "Ma con tutti i soldi che c'ha, non s'è nemmeno fatto il bagno in casa?!?".

da *Tuttobenigni 95/96* (1996)

**Laura Antonelli teme che Diego Abatantuono sia morto in un incidente:**
– Achille, dove sei?!
– Eccomi qua! C'ho sette vite, come il gatto a nove code: 7 x 9, 56 vite! Scusa se è poco!

da *Viuuulentemente... mia* (1982)

**Due camerati fascisti commentano una notizia del giornale. Ugo Tognazzi chiude lo scambio di battute:**
– Che uomo Mussolini! A Roma gli hanno offerto sei portafogli e lui li ha rifiutati tutti!
– Ha rifiutato i portafogli? Ma perché?
– Perché erano pochi.

da *La marcia su Roma* (1962)

**Ben Stiller e Jennifer Aniston:**
– Tu invece, ci sei mai andata vicino?
– A una cosa tipo matrimonio?
– Mm, mm.
– Oddio, no. Nossignore. No, no, no, no, no, no... Non sono portata per le cose a lungo termine, per gli impegni.
– Come mai? Stai uscendo da un brutto rapporto, o...?
– No, sto uscendo da circa otto brutti rapporti.

da *... E alla fine arriva Polly* (2004)

**Il professore interroga Mekhi Phifer e Josh Hartnett. È Hartnett a rispondere.**
– Signor Goulding, signor James, volete essere così gentili da citarmi almeno uno dei poemi di Shakespeare?
– Credevo che scrivesse per il cinema!

da *O come Otello* (2001)

**Kate Ashfield e Simon Pegg sono barricati in cantina. Sopra di loro, centinaia di zombie:**
– Pensi che scenderanno?
– Sì.
– Quanti proiettili abbiamo ancora?
– Due. Però possiamo ammazzarne di più, se si mettono in fila.

da *L'alba dei morti dementi* (2004)

**Brian Dennehy e Richard Crenna, a proposito di Rambo fuggitivo fra i boschi:**
– E vorrebbe dirmi che duecento uomini contro il suo marine sono nella posizione di non poter vincere?
– Se ci manda tanti uomini, non dimentichi una cosa.
– Che cosa?
– Una buona scorta di barelle.

da *Rambo* (1982)

**A cartoni animati, Bill Clinton e Butt-Head:**
– Oggi come oggi è tutto sempre più duro.
– Se lo dice lui che è un glande esperto!

da *Beavis e Butt-Head alla conquista dell'America* (1996)

**Anna Maria Barbera:**
– Me ne dovrei andare un po' in India, a meditare: ho fatto yoghi, ne', io! Più che altro me ne vorrei andare un po' a ritrovare me stessa. Soprattutto a perdere mio marito!

da *Il paradiso all'improvviso* (2003)

**Patrick Stewart/re Riccardo al pavido Richard Lewis/re Giovanni:**
– Fratello, hai macchiato per sempre il tuo nome, e per questo sarai punito. Da questo giorno in avanti, sulla carta igienica fabbricata in questo nobile regno ci sarà... la tua immagine!

da *Robin Hood – Un uomo in calzamaglia* (1993)

**A una festa, complimenti del padrone di casa Seann William Scott a una ragazza:**
– Copriti, mi spaventi gli ospiti.
– Quanto sei stronzo!
– Disse il cesso.

da *American Pie 2* (2001)

**La sexy regina aliena Lara Flynn Boyle parla della Terra:**
– Stupido pianeta! Per comandarlo basta la combinazione giusta di ghiandole mammarie!

da *Men in Black II* (2002)

**Rachel McAdams col padre Christopher Walken non si capacita che la sorella stia per sposarsi:**
– Non posso credere che si sposerà! Insomma, non trovi che sia troppo presto?
– Be', tu conosci Gloria, è impetuosa. Deve avere quello che vuole quando lo vuole, e basta. Noi abbiamo dovuto farle la festa dei diciotto anni quando ne ha compiuti tredici!

da *2 single a nozze – Wedding crashers* (2005)

**Leslie Nielsen descrive Priscilla Presley:**
– I suoi capelli avevano lo stesso colore dell'oro nei dipinti antichi. Aveva un vasto assortimento di curve, un set completo di curve. E due gambe che avresti leccato e ciucciato un giorno intero. Mi lanciò uno sguardo che mi indurì tutto. Persino i miei pantaloni sembravano inamidati. L'affare si stava veramente ingrossando…

da *Una pallottola spuntata* (1988)

**Il maestro Jedi Alec Guinness all'allievo Mark Hamill:**
– Che la Forza sia con te!

da *Guerre stellari* (1977)

**Il pupazzetto con le fattezze di Mel Brooks, alias maestro Yogurt, a Bill Pullman:**
– Che lo Sforzo sia con te!

da *Balle spaziali* (1987)

**Il liceale Giuseppe Sanfelice e un compagno di scuola:**
– Sai che a Silvio è successa una cosa assurda?
– Che gli è successo?
– Non te lo posso dire. Gli ho promesso che non lo dicevo a nessuno.
– Dai oh, dimmi solo l'argomento!
– Sesso.
– E chi riguarda?
– Valentina.
– Ha messo le corna a Martino?
– Oh, non lo devi dire a nessuno, eh!
– Chiaro! Ma con chi gliele ha messe? Con Silvio?
– Chi te l'ha detto?
– L'ho capito da solo!
– Ecco, bravo! Io non t'ho detto niente, eh?!

da *Come te nessuno mai* (1999)

**In missione su Marte, Natasha Henstridge risponde alle avance di Jason Statham:**
– Senti mettiamola così: forse verrei con te se fossi l'ultimo uomo sulla Terra. Ma non siamo sulla Terra.

da *Fantasmi da Marte* (2001)

**Woody Allen si pone domande riguardo alla moglie, che lo ha appena abbandonato:**
– Chissà se ha mai avuto un vero orgasmo nei due anni che siamo stati sposati. Avrà finto anche quella notte?

da *Provaci ancora, Sam* (1972)

**Lo spermatozoo Woody Allen agli altri spermatozoi:**
– Ho paura, non voglio uscire.
– Ma se è per questo che siamo stati addestrati!
– Sì, ma chissà che cosa troveremo là fuori!
– Hai visto i plastici del corso, no?
– Sì, ma... si sentono strane cose, sapete? Come queste pillole che prendono le donne, o... o che nostri interi contingenti si schiacciano con la testa contro muri di gomma!

da *Tutto quello che avreste voluto sapere sul sesso ma non avete mai osato chiedere* (1972)

**Jon Lovitz e Billy Crystal:**
– Ehi, come si sentiranno quei due idioti da cui abbiamo affittato gli attrezzi, quando noi ritorneremo con tutto quell'oro?
– Come si meritano! Immagino lo sguardo di quei masticatori di tabacco, portatori sani di fucili, fottitori di galline, sposa-sorelle minori, lascia-cessi-sporchi e butta-immondizia-fuori dalla porta, deficienti da ipovitaminosi, ceffi inguardabili... sono dietro di me, vero?

da *Scappo dalla città 2* (1994)

**Padre e figlio, Eugene Levy e Jason Biggs:**
– È semplice tremarella prematrimoniale, figliolo.
– Ma è per sempre! Cioè... lo sai... Michelle è l'unica ragazza con cui sono stato. Onestamente, papà, dimmelo: tu avresti rifiutato di fare sesso con Nadia?
– Perché, ha detto qualcosa?
– Teoricamente, papà!
– Ah, teoricamente... be', sai Jimmy, io sono un uomo sposato, io...
– Se non fossi sposato?
– Lei è una studentessa...
– Se fossi uno studente.
– L'avrei sventrata! Oh, sì!!!

da *American Pie: il matrimonio* (2003)

**Woody Allen fa domande a una coppia di passanti:**
– Ecco, voi sembrate una coppia molto felice. Lo siete?
– Sì.
– Sì! E questo a cosa lo attribuite?
– Be', io sono superficiale e vuota e non ho mai un'idea e niente di interessante da dire.
– Io sono esattamente lo stesso!
– Ah! Avete unito le vostre intelligenze!

da *Io e Annie* (1977)

**Cary Grant a Ingrid Bergman:**
– Niente fa sentire un uomo più ridicolo che fare il sentimentale con una donna che non lo è.

da *Indiscreto* (1958)

**Paola Cortellesi:**
– Avete presente il luogo comune trito e ritrito dell'uomo che ha superato i quarant'anni e comincia a sentire lontano lontano l'odorino della morte? E allora si mette lì a fare un bilancio della sua vita, di quello che ha e di quello che non ha, di quello che ha fatto e di quello che non ha fatto e di quello che gli resta da fare? Ecco, quel luogo comune lì, solo un po' più basso, è Giacomo.

da *Tu la conosci Claudia?* (2004)

**Le gioie della paternità. Il trentenne Giorgio Pasotti, papà da qualche mese, al coetaneo Stefano Accorsi, che diventerà papà di lì a qualche mese:**
– Ogni due ore ti svegli che piange, perché va allattato, cambiato, riaddormentato.
– E quanto lo culli?
– Dai dieci ai quaranta minuti. Se poi ha l'aria nello stomaco ci puoi mettere anche un'ora. Poi quando sei riuscito a riaddormentarlo ha di nuovo fame e devi ri-iniziare tutto da capo! E questa è la situazione! Oh, non lo dico per spaventarti! È che devi essere ben cosciente che fra sei mesi ti ritrovi vecchio di un botto! E quando ti chiederai se c'è un modo per uscirne... e te lo chiederai... la risposta sarà no! Non ci sono vie d'uscita a parte la fuga!

da *L'ultimo bacio* (2001)

**Jeanne Tripplehorn a John Lynch:**
– È questo che stai cercando di dire? Tu non puoi lasciare lei per me?
– Non hai mai detto di volerlo, non è vero?
– Jerry, io sono una donna. Noi non diciamo quello che vogliamo, ma ci riserviamo il diritto di romperci le palle se non l'otteniamo. È questo che ci rende così affascinanti, e un tantino pericolose!

da *Sliding Doors* (1997)

**Renée Zellweger:**
– Chi se ne frega se sul lavoro le cose vanno male! Io ho una meravigliosa storia con un meraviglioso esemplare di maschio adulto da 6 strepitose settimane, 4 splendidi giorni e 7 preziosissime ore. O, per dirla in un altro modo, siamo a quota 71 scopate acrobatiche!

da *Che pasticcio, Bridget Jones!* (2004)

**Lettera di Delphine Seyrig a Jean Pierre Lèaud:**
– Un giorno, in collegio, la mia professoressa spiegò la differenza fra il tatto e l'educazione. Un signore, in casa di amici, apre la porta di una stanza da bagno e scopre una donna nuda: si ritira subito, chiude la porta e dice: "Oh, scusi, signora". Questa è educazione. Lo stesso signore, aprendo la stessa porta, scoprendo la stessa donna nuda, dice: "Oh, scusi, signore". Questo è tatto.

da *Baci rubati* (1968)

**Il boss Tony Lo Bianco, Jay Mohr e Pamela Gidley:**
– Questa è un'amica mia, Pepper Giannini.
– Ah, Giannini! Hai niente di siciliano dentro di te?
– Ce l'avevo stanotte.

da *Mafia!* (1998)

**Il dj Luciano Federico:**
– Le canzoni non ti tradiscono. Anche chi le fa può tradirti, ma le canzoni, le tue canzoni, quelle che per te hano voluto dire qualcosa, le trovi sempre lì, quando tu vuoi trovarle. Intatte. Non importa se cambierà chi le ha cantate. Se volete sapere la mia, delle canzoni, delle vostre canzoni, vi potete fidare.

da *Radiofreccia* (1998)

**Adolfo Celi, nuovo direttore del geriatrico, presenta le proprie collaboratrici. Ugo Tognazzi commenta con Enzo Cannavale:**
– La signorina Veruska, mio braccio destro.
– Quella che gli fa le seghe.
– Ah.
– La signorina Marina, mio braccio sinistro.
– Perché è mancina.

da *Amici miei – Atto III* (1985)

**Sull'isola greca di Ios, Stefania Montorsi e Alberto Cucca stanno raggiungendo, a piedi, la tomba di Omero, "Homer's tomb" secondo la segnaletica in inglese:**
– Ancora 5 chilometri! No! Io non ce la faccio, troppo sole! Troppo!
– Eh, ma dai, su! È la tomba di Homer! Magari troviamo anche Lisa, Bart e Marge!

da *Dillo con parole mie* (2003)

**Robin Williams a Charlie Hofheimer:**
– "Ti piace la mia susinaaa, dacci una leccatinaaa"... era una cosa che cantava mia madre. Il che poi mi costò anni e anni di psicanalisi...

da *Due padri di troppo* (1997)

**Lo scienziato Morgan Freeman fa provare il prototipo della Bat-mobile, di colore beige, a Christian Bale/Batman:**
– Allora, che ne dice?
– Nera si può avere?

da *Batman Begins* (2005)

**Dubbio di Silvio Muccino in vacanza a Santorini:**
– Santorini! Ma che santo è, Santo Rini?

da *Che ne sarà di noi* (2004)

**I killer improvvisati William Hurt e Keanu Reeves:**
– Io gli sparo a questo! Sono stufo di aspettare!
– E dove gli sparerai?
– Ma qui! Dove vuoi che lo porti? In centro?
– No, io dico nel corpo!
– Ah... non lo so... nel cuore, credo. Da che parte si trovava il cuore?

da *Ti amerò... fino ad ammazzarti* (1990)

**Il poliziotto Benjamin Bratt e la perfida Sharon Stone:**
– Non sia stupida Laurel, non vorrà uccidere un poliziotto?
– Non dimenticare che sono una donna: sono abituata a fare tante cose che non voglio fare!

da *Catwoman* (2004)

**Anthony Arkin:**
– Ho avuto una giornataccia. Ok, mi alzo e mi metto la camicia, e un bottone cade per terra. Poi salgo in macchina, apro la portiera, e la maniglia cade per terra. E adesso ho paura di andare in bagno!

da *Anything Else* (2003)

**Cinzia Leone:**
– Se Dio avesse voluto i froci, avrebbe fatto Adamo e Mario.

da *Le finte bionde* (1989)

**Il maître John Cleese accoglie il cliente obeso Terry Jones:**
– Bonsoir monsieur, come andiamo oggi?
– Meglio.
– Meglio?
– Meglio avere un secchio: sto per vomitare.

da *Monty Python – Il senso della vita* (1983)

**Il vescovo malvagio John Wood al capo delle guardie Ken Hutchison:**
– Io credo nei miracoli, Marquet. Il mio ruolo me lo impone.

da *Ladyhawke* (1985)

**Lino Banfi:**
– Io ho una fidanzata molto moderna: si droga, vede questi film moderni, *Arancia meccanica*, *Banana metallurgica*...

da *La liceale nella classe dei ripetenti* (1978)

**Franz:**
– Gli antichi Egizi scrivevano sul tapiro. Eh sì, facevano un po' fatica a prenderlo, povera bestiola, perché, sai, con le zampette... quattro ruote motrici... quando lo prendevano, in caso di litigio, uno diceva: "Ah, ah! C'è il tapiro che parla chiaro, eh!".

da *La terza stella* (2005)

**Diego Abatantuono al commissariato parigino:**
– Mi sbatti al fresco a me?! Ma come, i' vengo, io mi sporgo pe' fa' denuncia, e lei mi vuol ficcare dentro la Pastiglia?

da *Eccezzziunale... veramente* (1982)

**Lesley Ann Warren e Christopher Lloyd:**
– Io dirigo un albergo con servizio telefonico specializzato nel fornire ai clienti che la richiedono una compagnia femminile.
– Ah, davvero? Qual è il numero di telefono?

da *Signori il delitto è servito* (1985)

**Woody Allen:**
– Facendo la psicanalisi, io... risultò che tendevo al suicidio! E mi sarei ucciso! Ma il mio psicanalista era freudiano rigido, e quelli se ti ammazzi te li ritrovi con la parcella in mano fin dentro il loculo!

da *Io e Annie* (1977)

**Lo psicanalista Jack Nicholson e Adam Sandler:**
– Ci sono due generi di persone irascibili: esplosive e implosive. Esplosivo è il genere di individuo che si mette a inveire contro la cassiera che non gli accetta i buoni pasto. Implosiva è la cassiera che rimane tranquilla giorno dopo giorno e alla fine spara e fa secchi tutti. Tu sei la cassiera.
– No, no, no! Io sono quello nascosto dietro il bancone dei surgelati che telefona alla polizia!

da *Terapia d'urto* (2003)

**Michael Gambon/Albus Silente ai suoi studenti:**
– Sapete, la felicità la si può trovare anche negli attimi più tenebrosi. Se solo uno si ricorda di accendere la luce!

da *Harry Potter e il prigioniero di Azkaban* (2004)

**Diane Keaton:**
– Boris tenta ogni giorno il suicidio. Ieri meditava di togliersi la vita respirando sotto le ascelle di uno zingaro.

da *Amore e guerra* (1975)

**Woody Allen e Diane Keaton:**
– Sono persone interessanti i tuoi amici.
– Oh, lo so.
– Sono un cast per un film di Fellini!

da *Manhattan* (1979)

**Ben Affleck legge ai due protagonisti cosa il popolo di Internet pensa di loro:**
– Jay e Silent Bob sono personaggi idioti. Un paio di stonati che ripetono stupide frasi fatte alla Stanlio e Ollio, o Bush e fratello.

da *Jay & Silent Bob... Fermate Hollywood!* (2001)

**Tony Curtis a Cary Grant:**
– Io sono cresciuto in un quartiere noto come "Arca di Noè": se non si attraversava in due, era meglio rinunciarvi.

da *Operazione sottoveste* (1959)

**I cugini Massimo Boldi e Renato Pozzetto:**
– Senti un po', hai fame? Vorresti mangiare qualcosa?
– Eh, è da stamattina che non mangio.
– Bestia, non c'ho niente. Vorresti bere, non so, un bicchiere di latte?
– Be', un bicchiere di latte non si rifiuta mai.
– Bestia, non ho un bicchiere né latte. Uè, ma cosa sei venuto qua a casa mia a mangiare e bere a sbafo?

da *Il ragazzo di campagna* (1984)

**Il "merovingio" Lambert Wilson:**
– Adoro i vini francesi, come pure la lingua francese. Io le ho provate tutte, ma il francese resta la mia preferita, una lingua fantastica soprattutto per pronunciare oscenità: "Nom de Dieu de putaine de bordel de merde de saloperie de connard d'enculè de ta mère!" Sentite? È come pulirsi il culo con la seta... ne sono affascinato!

da *Matrix Reloaded* (2003)

**Mae West e Edward Arnold:**
– E lei che mestiere fa?
– L'uomo politico.
– Neanche a me piace lavorare.

da *Non sono un angelo* (1933)

**Colin Firth e Rupert Everett:**
– Cecily e Gwendolen diventeranno di certo due grandissime amiche. Scommetto che mezz'ora dopo essersi conosciute si chiameranno sorelle.
– Ah! A questo le donne ci arrivano dopo essere passate per ben altri epiteti.

da *L'importanza di chiamarsi Ernest* (2002)

**Uno dei cani:**
– Puoi pensare che siano gli uomini a comandare i cani, ma tu ci vedi mai raccogliere la loro cacca?

da *Cani dell'altro mondo* (2003)

**Jim Carrey piange la morte del proprio capo:**
– Perché? Oh, perché?! Non ci posso credere... due anni di lavoro nello stesso ufficio... era come fosse mio padre... mio fratello... o almeno un cugino di primo grado!

da *Batman Forever* (1995)

**Julianne Moore trova delle siringhe nel frigorifero della madre Frances Fisher:**
– Ma queste che sono?!
– Ah, le ragazze e io facciamo un "labbra party", più tardi. Puoi venire anche tu se vuoi. David ci toglie il grasso dalle chiappe e lo mette nelle labbra.
– Allora è per questo che si dice "avere una faccia da culo"!

da *Laws of Attraction – Matrimonio in appello* (2004)

**Al Pacino tenta di insegnare a guidare alla moglie siciliana Simonetta Stefanelli:**
– Questa è una pazza! Ma senti, è più prudente insegnarti l'inglese...
– Io lu sacciu l'inglese: mandei, tusdei... tursdei, vendsdei, frandi, spandei, saturdei... dai, andiamo, guidiamo!

da *Il Padrino* (1972)

**Eileen Brennan fornisce a Peter Falk informazioni sul loro fantomatico ospite:**
– Niente a suo carico fino al '46, quando l'hanno sorpreso a El Paso, mentre tentava di far passare nel Messico una camionata di miliardari americani clandestini per adibirli alla raccolta dei meloni...

da *Invito a cena con delitto* (1976)

**Roberto Benigni, a proposito di Dio e dei vizi capitali:**
– La lussuria: la lussuria ce l'ha in pieno! Non voglio entrare nei fatti privati, però... siamo tutti figli suoi!!

da *Tuttobenigni* (1986)

**Programmi per il futuro di Renée Zellweger/Bridget Jones:**
– Decisione numero uno: ovviamente perdere dieci chili. Numero due: mettere sempre a lavare le mutande della sera prima. Ugualmente importante, trovare un ragazzo dolce e carino con cui uscire evitando di provare attrazione romantico-morbosa per nessuno dei seguenti soggetti: alcolizzati, maniaci del lavoro, fobici dei rapporti seri, guardoni, megalomani, impotenti sentimentali o pervertiti. E soprattutto, non fantasticare su una particolare persona che incarna tutti questi aspetti...

da *Il diario di Bridget Jones* (2001)

**Henny Youngman:**
– Il dottor Wellsler è fra noi, è fantastico! A uno gli diede sei mesi di vita, ma siccome non poteva pagargli il conto, gliene diede altri sei!

da *Quei bravi ragazzi* (1990)

**Mickey Rourke sta per far fuori due killer professionisti, e commenta:**
– Adoro i sicari! Gli puoi fare di tutto, senza rimorsi!

da *Sin City* (2005)

**Nicole Kidman e Bette Midler:**
– Questo signore ti importuna?
– Sì, è mio marito.

da *La donna perfetta* (2004)

**Kevin Costner carica in macchina la giovane Sharon Leigh e le offre una sigaretta:**
– Fumi?
– No, ma faccio tutto il resto.

da *La rapina* (2001)

**Bruce Willis cerca in ospedale la moglie-zombie Meryl Streep. Chiede informazioni alla dottoressa Susan Kellerman:**
– Dove avete messo mia moglie?
– Non si preoccupi di questo. Sopporti virilmente il suo dolore!
– Dove avete messo mia moglie?!
– È morta, signore! L'hanno portata all'obitorio!
– All'obitorio?! Sarà furibonda!

da *La morte ti fa bella* (1992)

**Woody Allen davanti alla giovane fidanzata, appena lasciata, Mariel Hemingway:**
– Non fissarmi così con quei grandi occhi! Gesù, sembri uno di quei bambini scalzi della Bolivia in cerca di adozione!

da *Manhattan* (1979)

**Linda Fiorentino chiede all'angelo Alan Rickman informazioni su Dio:**
– Lui com'è?
– Dio? Solitario, ma spiritoso: ha un grande senso dell'umorismo. Prendi il sesso, ad esempio. Non c'è niente di più ridicolo delle smorfie che fate durante il coito.
– Il sesso è uno scherzo in Paradiso?
– Be', per quanto mi risulta è uno scherzo anche quaggiù.

da *Dogma* (1999)

**La schifatissima guardia carceraria Frank Oz consegna a John Belushi, che sta uscendo di prigione, gli effetti personali:**
– Un orologio digitale Timex rotto, un profilattico non usato, uno... usato, una giacca di un abito nero, un paio di pantaloni di un abito nero, un cappello... nero, un paio di occhiali neri, 23 dollari e 12 cent. Firmi qui.

da *The Blues Brothers* (1980)

**Gli anziani Jack Lemmon e Walter Matthau:**
– Sai che devi fare per non sentirti vecchio?
– No.
– Devi frequentare gente ancora più vecchia di te.

da *La strana coppia II* (1998)

**Il giudice Massimo Boldi e il collaboratore Francesco De Rosa:**
– Senta, caro Publio, ma il mio predecessore, il giudice Flacco, che tipo era?
– Quello era Flacco di nome e di fatto. Non teneva proprio fantasia di lavorare. Che grande maestro è stato per me! Un guru!

da *S.P.Q.R. - 2000 e 1/2 anni fa* (1994)

**Il pilota Jon Cryer e William O'Leary, detto "Carne morta":**
– Mi hanno buttato fuori dall'unità, mi è stato ritirato il permesso di volo. Sono finito, Carne morta.
– Che è successo?
– È per i miei occhi: strabismo divergente.
– Non si può fare niente?
– Esiste una delicata operazione di inversione della cornea, la multioptipupillotomia, ma per non danneggiare le orbite si deve procedere per via rettale. Non permetterò a nessun uomo di mettersi su quella strada!

da *Hot Shots!* (1991)

**Bette Midler davanti a un micro vestitino esposto in vetrina:**
– Chi dovrebbe indossare quella roba?! Un'adolescente anoressica? Un feto?

da *Il club delle prime mogli* (1996)

**I sedicenni Silvio Muccino e Giuseppe Sanfelice:**
– Ma te come te la immagini la tua prima volta?
– Molto porca.
– Lunga quanto?
– Cinque minuti almeno! Se dura di meno, fai secco secco la figura del ragazzino!

da *Come te nessuno mai* (1999)

**Don Johnson sta per compiere una rapina assieme all'amico Mickey Rourke:**
– Mio Dio, se ci sei, se esisti e ci stai guardando, dovunque sia il posto da cui guardi... guarda dall'altra parte!

da *Harley Davidson and the Marlboro Man* (1991)

**Ernie Hudson e Dan Aykroyd:**
– Ehi, Ray, tu credi in Dio?
– Non ci hanno presentati.

da *Ghostbusters* (1984)

**Emily Hamilton e Noah Taylor:**
– Ci sono un sacco di parole per definire una donna che non vuole fare sesso: frigida, inerte, insensibile, fredda. Ma riesci a pensare anche a una sola parola per definire un uomo che non vuole fare sesso?
– Morto?

da *E morì con un felafel in mano* (2001)

**Robert Duvall/Colonnello Kilgore parla con un soldato prima dell'attacco al villaggio vietcong:**
– Arriveremo a bassa quota con il sole alle spalle, e a un miglio di distanza gli sbattiamo la musica.
– La musica ?
– Io uso Wagner, fa cacare sotto i vietnamiti. I miei ragazzi l'adorano!

da *Apocalypse Now* (1979)

**Mark Hamill/Luke Skywalker fa la conoscenza del maestro Yoda:**
– Aiutarti io posso, davvero.
– Credo proprio di no, cerco un grande guerriero.
– Oh, grande guerriero... guerra non fa nessuno grande!

da *L'impero colpisce ancora* (1980)

**Gli ex nemici Bruce Willis e Ving Rhames, dopo che il primo ha salvato la vita al secondo mentre veniva stuprato da due pervertiti:**
– Dicevo... adesso che sarà fra me e te?
– Ah, in quel senso là. Adesso ti dico che sarà tra me e te: non c'è niente tra me e te, non c'è più niente.
– Pace allora.
– Pace allora. Due cose: uno, non raccontare questa storia. Questa cosa resta tra me, te, e il merdoso che presto vivrà il resto della sua stronza breve vita fra agonie e tormenti violentatori. Non riguarda nessun altro questo affare. Due: lascia la città stasera, all'istante, e una volta fuori... resta fuori, o ti faccio fuori. A Los Angeles hai perso i tuoi privilegi.

da *Pulp Fiction* (1994)

**L'imam Keith David e Vin Diesel:**
– Il fatto che tu non creda in Dio non vuol dire che Dio non creda in te.
– Quando si passa la metà della propria vita in galera con un morso da cavallo in bocca, si può non credere. Quando si viene al mondo in un bidone della spazzatura con un cordone ombelicale avvolto intorno al collo, si può non credere. No, sant'uomo, hai capito male: io credo in Dio con tutte le mie forze, e lo odio con tutte le mie forze.

da *Pitch Black* (2000)

**Lo psicologo Mario Scarabelli spiega a Fabio Volo e Stefania Rocca perché il loro bambino continua a voler dormire nel lettone. Chiude il discorso Fabio Volo:**
– È normale?
– Quanto ha adesso?
– Ha quasi due anni.
– Sì, direi di sì, è tipico di quest'età. È una sorta di prima competizione che i maschi stabiliscono, soprattutto nei confronti del padre. Non, non mi preoccuperei più di tanto.
– Guardi che si infila nel nostro letto tutte le notti.
– Più che altro piscia e caga!

da *Casomai* (2001)

**Wen Yann Shih e Matt Damon si incontrano per la prima volta:**
– Sembri molto più grosso che nelle foto.
– Be', me lo auguro, altrimenti sarei alto solo dieci centimetri!

da *Fratelli per la pelle* (2003)

**Christopher Lloyd e Michael J. Fox, nel finale del film:**
– Marty devi tornare indietro con me.
– Ma... indietro dove?
– Indietro nel futuro!

da *Ritorno al futuro* (1985)

**Il sergente di polizia e Clint Eastwood/ ispettore Callaghan:**
– Hai seguito quell'uomo?
– Sì, l'ho pedinato quando ero fuori servizio, ma è evidente che non sono stato io a picchiarlo.
– Perché?
– Perché gli è rimasta qualche parte di faccia sana.

da *Ispettore Callaghan: il caso Scorpio è tuo* (1971)

**Willie Nelson e Johnny Knoxville:**
– Sai perché i cavalli hanno le narici grandi?
– No.
– Prova tu, se ci riesci, a scaccolarti con quegli zoccoli!

da *Hazzard* (2005)

**Edward Norton rimpiange col barista Brian George i tempi in cui era inseparabile dagli amici Ben Stiller e Jenna Elfman:**
– Ci sono otto milioni di persone a New York, ma quando noi tre stavamo insieme era come se vivessimo su un'isola...
– Ma New York è un'isola!
– Sto cercando di spargere una manciata di poesia su tutta la dannata storia!

da *Tentazioni d'amore* (2000)

**Stringato telegiornale del mezzobusto Neil Thompson:**
– E ricordate: meglio l'herpes che l'Aids! Signori, fine del giornale.

da *Ridere per ridere* (1977)

**A un matrimonio, Simon Callow, Hugh Grant e Hannah Chancellor:**
– A te com'è andata?
– Bene, mi sembrava di essere in un girone dell'inferno. C'erano i fantasmi delle mie ex ovunque mi girassi. Se mi imbatto in Henrietta, l'incubo sarà perfetto.
– Ciao, Charles.
– Ciao, Henrietta, come stai?!

da *Quattro matrimoni e un funerale* (1994)

**Kathleen Turner e Michael Douglas, su una nave assaltata dai pirati. Solo uno dei due può salvarsi, sull'ultimo posto rimasto a bordo della scialuppa di salvataggio:**
– Salvati tu, amor mio!
– Giammai! Questi macachi non ti avranno!
– Tanto non mi avrebbero a lungo: ho la tubercolosi, e sarò morta prima che quest'anno finisca.
– E tu mi sposavi con la tubercolosi? Perché non me l'hai detto?
– Io volevo che fosse una sorpresa!

da *Il gioiello del Nilo* (1985)

**Il tassinaro Alberto Sordi carica sul proprio taxi Federico Fellini, e inserisce nell'autoradio una cassetta con le musiche di Nino Rota:**
– Me metti pure la musica?
– Perché io metto questa musichetta, dottor Fellini, quando racconto alla gente tutti i sogni suoi, che lei fa vedere nei film, quelle scene fantastiche con quelle trippone, quelle chiappone, quelle zinnone, quelle bucione... con tutti quei preti sdentati, tutti vestiti de rosso che corrono in mezzo alla strada, e poi le monache cappellone, e le cavallerizze con le chiappe più grosse del cavallo, e poi i cardinali, i baroni, i conti, i zozzoni, i poveracci, i clown, i pagliacci, coi fischietti, le trombette... piripì piripì piripì piripì piripì. Er vecchio che se perde nella nebbia... poi sarebbero tutti i suoi sogni che...
– Solo questo lei vede nei miei film?!

da *Il tassinaro* (1983)

**Brad Pitt e Edward Norton:**
– Sa perché mettono le maschere di ossigeno sull'aereo?
– Per poter respirare...
– L'ossigeno ti fa sballare. In un'emergenza catastrofica uno fa grandi respiri di paura. A un tratto diventi euforico. Docile. Accetti il tuo destino.

da *Fight Club* (1999)

**Jeff Anderson e Brian O'Halloran stanno andando a un funerale:**
– Un embolo in piscina.
– È un modo così imbarazzante di morire.
– Già, ma niente a confronto di come è morto Walter, mio cugino.
– E come è morto?
– Si è spezzato il collo.
– E sarebbe imbarazzante?
– Se l'è spezzato cercando di succhiarsi il cazzo.

da *Clerks – Commessi* (1994)

**Robin Williams parla degli avvocati:**
– Ho letto di recente che adesso per gli esperimenti scientifici si usano gli avvocati al posto dei topi. Lo si fa per un paio di ragioni: la prima è che gli scienziati si affezionano molto meno agli avvocati; la seconda è che ci sono certe cose che nemmeno un topo di fogna farebbe mai.

da *Hook* (1992)

**Cameron Diaz e Lee Evans:**
– Sono così fortunata ad averti come amico.
– Sì, be', adesso non fare la gattina tutta fuse: farai gonfiare il mio ego!

da *Tutti pazzi per Mary* (1998)

**Kevin Costner e il fratello David Andrews, gestore di un saloon:**
– È una prostituta, James...
– Sì, è vero, Wyatt. E lavora sodo anche.
– Che ci fai con lei?
– La stessa cosa che ci fanno gli altri. Con la differenza che non devo pagarla.
– Non ti dà fastidio?
– Che non mi faccia pagare? Ma no! È un accordo piuttosto vantaggioso: se è in buona mi cucina e mi pulisce un po' la casa!

da *Wyatt Earp* (1994)

**Nino Frassica:**
– Ho prenotato un volo per Miami, poi m'affitto una macchina e mi butto sulle spiagge di Malibu. Non c'ho moglie, non c'ho figli, non c'ho animali... vuol dire che la compagnia me la trovo per strada, on the road: autostoppiste, austre, aliane, belghe, bulghe, bergamasche, pellerosse, indiane, lesbiche, presbiche... basta che respirino!

da *Sognando la California* (1992)

**Woody Allen e Diane Keaton:**
– Solo il nulla, non esistenza, buio, vacuità...
– Cosa dici?
– Faccio programmi per il futuro.

da *Amore e guerra* (1975)

**Il sacerdote in motorino Marcello Foschini e il vigile urbano Vito:**
– Io ti sto antipatico perché te sei comunista.
– Ehi, qui la politica non c'entra niente. Io sono qui per vigilare che tutto vada bene. E adesso circolare, ma piano!
– Stai tranquillo, tanto a me non può succedere niente, sai perché? Perché sul sellino c'è sempre il Padre Eterno che mi accompagna!
– Eeehh! In due sul motorino? Sono 77 euro di multa!

da *Le barzellette* (2004)

**La quindicenne Martina Merlino si è innamorata di un trentenne. La zia Stefania Montorsi cerca di farla ragionare:**
– Guarda che quindici anni sono proprio tanti, eh! Significa che mentre tu stavi cercando di uscire dall'utero di tua madre, lui stava già cercando di entrare nell'utero di qualcun'altra!

da *Dillo con parole mie* (2003)

**Woody Allen e la prostituta Hazelle Goodman:**
– Ma tu lo sai che l'universo si sta sgretolando? Lo sai questo?! E lo sai cos'è un buco nero?
– Sì, mi ci guadagno da vivere.

da *Harry a pezzi* (1997)

**Carla Gravina al ballo con Vittorio Gassman:**
– Piano a parlar d'amore, che te la canti, che te la suoni! Se lo vuoi saver, ho dato appuntamento anche a Guido e a Renato.
– Pure!
– Eh, mi so' una ragazza seria, so'! Non posso mica andare a ballare con un ragazzo solo! Che mi compromette!

da *I soliti ignoti* (1958)

**Harrison Ford è colpito da Carrie Fisher/principessa Leia:**
– Fantastica la ragazza, eh? Non so se ucciderla o innamorarmi di lei.

da *Guerre stellari* (1977)

**In un tempio buddista, Ian McNeice chiede a un monaco dove poter trovare Jim Carrey/Ace Ventura:**
– Mi chiamo Fulton Greenwall, e sto cercando un certo Ace Ventura.
– Nessun uomo, qui, porta con sé un'etichetta.
– Cosa? Ah, già! Niente nomi, che stupido che sono! Be', è americano.
– Siamo tutti figli della stessa forza di vita.
– Sì, be', certo che lo siamo... lui si china e parla con le chiappe.
– Oh, lui. Venga, da questa parte...

da *Ace Ventura - Missione Africa* (1995)

**L'adolescente Niccolò Senni, figlio di genitori alternativi, alle prese con la curiosità dei compagni:**
– Come ti chiami?
– Siddharta.
– Coomee?
– Come Buddha da magro.

da *L'albero delle pere* (1998)

**Immediato dopoguerra. Un rigido professore interroga lo studente universitario, fuori corso, Alberto Sordi:**
– Quanti anni ha lei?
– Trentatré!
– Come mai così in ritardo?
– Ho fatto la guerra, ho fatto la Resistenza. Ebbi anche un dito congelato. Poi mi sono dato al giornalismo, mi sono appassionato ai problemi sociali, ai problemi dell'Italia meridionale. Ho anche seguito da vicino le lotte contadine.
– Le lotte contadine e la Resistenza in questa sede non hanno valore.
– La Resistenza non ha valore? E allora che dovevo fare? Come hanno fatto tanti altri nel 1944, vestire la divisa delle Brigate Nere, presentarmi agli esami armato e farmi dare la laurea puntando la pistola ai professori?!

da *Una vita difficile* (1961)

**Jack Lemmon, all'addiaccio, implora ospitalità a Walter Matthau:**
– Fa un freddo cane qui fuori!
– Prendi questi fiammiferi e datti fuoco, ti scalderai!

da *That's Amore – Due irresistibili seduttori* (1995)

**Jerry Lacy alias Humphrey Bogart:**
– Le donne sono creature semplici: io non ne ho mai incontrata una che non capisse il significato di una bella sberla sul grugno!

da *Provaci ancora, Sam* (1972)

**Danny Glover e Mel Gibson:**
– Non puoi risolvere tutti i problemi della vita a cazzotti!
– Certo, potevo sparargli.

da *Arma letale 3* (1992)

**Catherine Spack e Ugo Tognazzi:**
– Quando ridi dimostri dieci anni di meno.
– Quanti?
– Una quarantina.
– Be', quando sto serio...
– No, quando ridi.
– Ne ho trentanove.

da *La voglia matta* (1962)

**Simon Callow, Hugh Grant e John Hannah:**
– Io avrei una nuova teoria sul matrimonio. Due persone si innamorano, vivono insieme e poi, all'improvviso, un giorno, non hanno più niente da dirsi. Insomma, non riescono a trovare più un argomento valido di cui parlare, e sono presi dal panico. Poi, un lampo di genio! Al fidanzato viene in mente che esiste un modo per uscire da questa empasse.
– Ah, c'è un modo?
– Quale?
– Lui chiede alla sua amata di sposarlo.
– Geniale!
– Da quel momento avranno qualcosa di cui parlare per il resto della loro vita!
– Stai insinuando che il matrimonio è un modo per risolvere un momento di silenzio imbarazzante?
– Esattamente! Qualcosa per rompere il ghiaccio!

da *Quattro matrimoni e un funerale* (1994)

**Alessandro Haber e Rocco Papaleo:**
– Bardella, quanti soldi le dai al mese, a tua moglie?
– Be', la giustizia disse ottomila euro. Poi intervenne il mio avvocato, e adesso gliene do diecimila!

da *Il paradiso all'improvviso* (2003)

**Il giornalista Kirk Douglas spiega le regole del mestiere al giovane cronista Bob Arthur:**
– La reazione del pubblico. Tu compri un giornale e leggi della morte di cento uomini o di duecento, o di cinquecento o d'un milione di morti come nelle carestie in Cina. Tu leggi, ma resti indifferente. Un uomo solo è diverso: vuoi sapere tutto di lui, questa è la reazione del pubblico.

da *L'asso nella manica* (1951)

**Lino Ventura a Françoise Fabian:**
– Quando si ama una donna, non vedo perché farle l'affronto di chiederla in moglie.

da *Una donna e una canaglia* (1973)

**Enzo Cannavale e Renato Pozzetto:**
– A Milano viene investita una persona ogni dieci minuti.
– Sempre la stessa?

da *Agenzia Riccardo Finzi... praticamente detective* (1979)

**Fabio Traversa:**
– Metterò un disco di Gino Paoli. Lo sento spesso in questo periodo, per rivivere i traumi di quindici anni fa.

da *Ecce Bombo* (1978)

**Louise Lasser e Woody Allen:**
– Scusi, che lavoro fa lei?
– Collaudatore industriale per una grossa compagnia. Io vedo se un prodotto è pratico e sicuro.
– Oh!
– Oggi ho collaudato un attrezzo ginnico e un water con tavoletta termica per i giorni freddi.

da *Il dittatore dello Stato libero di Bananas* (1971)

**Debra Winger e Billy Crystal, che deve identificare il padre morto già deposto nella bara:**
– Dobbiamo assicurarci che questo sia suo padre.
– Se è un ometto incazzato nero col dito medio alzato, è lui. La prego, la prego, la prego: non mi costringa a vederlo di nuovo!
– Mi dispiace, ma con questi disguidi è assolutamente necessaria l'identificazione.
– Ah, bene. Allora lo deve mettere a pancia sotto, perché l'ho sempre visto andare via.

da *Forget Paris* (1995)

**Ingrid Bergman a Humphrey Bogart:**
– Baciami, baciami come se fosse l'ultima volta!

da *Casablanca* (1942)

**Paolo Villaggio/Fantozzi, davanti alla tv, all'inizio della partita Inghilterra-Italia valevole per le qualificazioni ai Mondiali di calcio, riceve una terribile notiza dalla moglie Liù Bosisio:**
– Ugo.
– Eh.
– Credo che non potrai vedere la tua partita questa sera.
– Come?
– Dobbiamo uscire.
– Chi?!
– Il dottor Riccardelli.
– No!
– Mi ha detto il ragionier Filini che dobbiamo andare immediatamente a vedere un film cecoslovacco.
– Nooooo!!!
– Ma con sottotitoli in tedesco...

da *Il secondo tragico Fantozzi* (1976)

**Il mezzobusto Marcello Mastroianni:**
– Una notizia da Roma: l'assessore generale ha ordinato l'immediata demolizione del rudere di un tempio romano del IV secolo a.C., che sorgeva abusivamente davanti alla villa con piscina dell'imprenditore edile Marcazzi, deturpando l'armonia della villa stessa.

da *Signore e signori, buonanotte* (1976)

**Il droide C3-PO enuncia la condanna di Jabba The Hutt verso Harrison Ford/Han Solo e Mark Hamill/Luke Skywalker:**
– Sua alta Eccellenza il grande Jabba The Hutt ha decretato che veniate eliminati, immediatamente.
– Meglio, detesto le attese.
– Quindi sarete portati al mare delle dune, e buttati nel pozzo di Karkun, dove ha la tana il potentissimo Sarlack.
– Poteva andare peggio.
– Nel suo ventre, scoprirete una nuova qualità di dolore e di sofferenza, venendo digeriti lentamente per un migliaio di anni...

da *Il ritorno dello Jedi* (1983)

**L'improbabile cicerone Nino Frassica:**
– Anno 1789: evoluzione francese. Vi ci tagliarono la testa a: numero 1, Robert Spiers; numero 1, Luigi Ics Vi Uno; numero 1, la moglie del re, che si chiamava Mara Toneta...

da *Il bi e il ba* (1986)

**Anne De Salvo e Dudley Moore:**
– Allora, si può sapere quanto sei ricco?
– Tutto quello che ti posso dire è che vorrei un centesimo per ogni centesimo che ho.

da *Arturo* (1981)

**Il malvagio Brian Cox, primo Hannibal Lecter dello schermo:**
– Dio è straordinario! Mercoledì scorso, nel Texas, ha fatto cadere il tetto di una chiesa su trentaquattro fedeli che si prostravano a cantare inni alla sua grandezza!

da *Manhunter – Frammenti di un omicidio* (1986)

**Jeff Daniels e Jim Carrey arrivano ad Aspen dopo un viaggio di duemila miglia in motorino:**
– E se mangiassimo?
– Mm, ho ingoiato una grossa cavalletta mentre guidavo. Non ho molta fame.

da *Scemo & + scemo* (1994)

**Il professor Roberto Nobile si sfoga con la professoressa Enrica Maria Modugno:**
– In trent'anni d'insegnamento avrò avuto tre, quattromila alunni? E uno, ma dico uno, che abbia fatto carriera? Nessuno! Ma perché in trent'anni di carriera non ho incontrato nemmeno un membro della futura classe dirigente? Tu te le poni queste domande? Perché la classe dirigente non viene a studiare il francese da me? Ma che c'ho fatto io alla classe dirigente?

da *La scuola* (1995)

**Harvey Fierstein e Diane Wiest:**
– Sei una grande star. Ma ora ascolta, Helen, da un paio d'anni sei più nota come adultera e ubriacona, e lo dico con il dovuto rispetto.
– Senti, non ho più bevuto un goccio da Capodanno!
– Sì, da Capodanno cinese!
– Ma naturale... comunque sono già due giorni!

da *Pallottole su Broadway* (1994)

**Lainie Kazan e John Corbett:**
– Ian, tu hai fame?
– No, ho mangiato.
– Bene, ti preparo qualcosa.

da *Il mio grosso grasso matrimonio greco* (2002)

**Jason Biggs e Christina Ricci:**
– Ma tu mi ami?
– Ma che domanda! Solo perché mi ritraggo quando cerchi di toccarmi!

da *Anything Else* (2003)

**Marilyn Monroe:**
– Divento intelligente quando mi serve, ma al più degli uomini non piace.

da *Gli uomini preferiscono le bionde* (1953)

**Michael Rooker e il cattivissimo John Lithgow:**
– Psicopatico figlio di puttana!
– Uccidi due persone e sei uno psicopatico. Ne uccidi un milione e sei un conquistatore. Va' a capirci!

da *Cliffhanger* (1993)

**Sigourney Weaver cerca di opporsi a Gene Hackman, che la vuole baciare:**
– Oh, no! Non dobbiamo! Dio è qui con noi, sempre!
– È sempre con noi dici? Che simpatico guardone!

da *Heartbreakers - Vizio di famiglia* (2001)

**Carlo Verdone abborda una ragazza, esprimendo apprezzamenti sul di lei fondoschiena:**
– Ma chi te l'ha scolpito, Michelangelo? Stava 'n forma, quel giorno!

da *Gallo cedrone* (1998)

**Il bancario Renato Pozzetto risponde alla domanda di un collega:**
– Allegri, come sta il dollaro?
– Bene, grazie.

da *La casa stregata* (1982)

**Paul Newman:**
– Questa stupidaggine dell'amore è stata inventata per far diventare gli uomini cretini ... e le donne madri.

da *Il mio amore con Samantha* (1963)

**John Leguizamo a Ewan McGregor:**
– La cosa più grande che tu possa imparare è amare, e lasciarti amare!

da *Moulin Rouge!* (2001)

**Kurt Russell e Lee Van Cleef:**
– Che parliamo a fare?
– Ho un affare per te. Ti sarà perdonata ogni azione criminale che hai commesso negli Stati Uniti. C'è stato un incidente: circa un'ora fa un piccolo jet è precipitato nel centro di New York. C'era a bordo il presidente.
– Presidente di che?
– Questa non è spiritosa. Tu entri là, trovi il presidente, lo porti fuori entro ventiquattr'ore, e sei un uomo libero.
– Ventiquattr'ore, eh?
– Ti sto facendo un'offerta.
– Balle.
– Attendibile e onesta.
– Ci voglio pensare.
– Non c'è tempo. La risposta.
– Fate un nuovo presidente.

da *1997 Fuga da New York* (1981)

**Leslie Nielsen lascia Priscilla Presley:**
– Abbi cura di te, bambina. A proposito, erano tutti finti i miei orgasmi.

da *Una pallottola spuntata* (1988)

**Una ragazza si complimenta con Danny DeVito/Pinguino:**
– Lei è il più gran fico punto di riferimento che possa avere un giovane.
– E lei, mi permetta, è la più gran fica giovane che un punto di riferimento possa avere.

da *Batman – Il ritorno* (1992)

**Walter Matthau a Jack Lemmon:**
– Ah, le donne, valle a capire! Conoscevo uno che ebbe due attacchi di cuore, così gli misero, sa, uno di quei pacemaker. La moglie chiese il divorzio, perché diceva che gli impediva una buona ricezione della televisione!

da *Buddy Buddy* (1981)

**Finale del film. Harrison Ford ha al proprio fianco la bellissima replicante Sean Young:**
– Tyrell m'aveva detto che Rachel era speciale, non aveva data di termine. Non sapevo quanto saremmo stati insieme. Ma chi è che lo sa?

da *Blade Runner* (1982)

**Alle prese con un cruciverba, Greg Kinnear si consulta con Matt Damon:**
– Qual è una parola di cinque lettere per "pene"?
– Ansie?

da *Fratelli per la pelle* (2003)

**Brian O'Halloran alla fidanzata Marilyn Ghigliotti:**
– Una donna che fa godere un uomo è normale, ma un uomo che fa godere una donna è talento!

da *Clerks - Commessi* (1994)

**Il comandante del bombardiere americano Slim Pickens deve raggiungere, a ogni costo, l'obiettivo sovietico:**
– Dunque, ragazzi. Abbiamo tre motori fuori combattimento e abbiamo nella pancia più buchi di un colabrodo. La radio è partita, perdiamo carburante, e se scendiamo un altro po' ci vogliono gli sci invece delle ali. Però un vantaggio ce l'abbiamo sui russi: a quest'altezza ci possono arpionare, magari, ma sullo schermo del radar sicuramente non ci trovano!

da *Il dottor Stranamore, ovvero: come imparai a non preoccuparmi e ad amare la bomba* (1964)

**Franz presenta agli amici Petra Faksova:**
– È una mia amica. Ci siamo conosciuti quattro anni fa, al museo egizio. Eravamo in coda per entrare e vedere, insomma, i sarcofagi, i geroglifici... insomma, tutte cose che arrivano dal canale di Suarez.

da *La terza stella* (2005)

**Liev Schreiber non vuole denunciare Denzel Washington, che lo ha aggredito, e parla con la madre Meryl Streep:**
– Lo conosco, ho prestato servizio sotto di lui. È un brav'uomo.
– Be', è quello che dicono sempre i vicini di casa dei serial killer.

da *The Manchurian Candidate* (2004)

**Giulia Montanarini si presenta alla porta di Leonardo Pieraccioni in guêpière e orecchiette da topolina:**
– Stasera lo sai chi sono per te?
– Chi sei?
– Sono... Minnie Mignotta!
– Dio benedica Walt Disney!

da *Il paradiso all'improvviso* (2003)

**Renée Zellweger:**
– Uomini! Godono nel vederci fallire!

da *Abbasso l'amore – Down With Love* (2003)

**Il detective Bruce Willis tradito dalla moglie e Damon Wayans:**
– Questo non è un gioco: armi vere, pallottole vere. Troppo rischioso.
– "Rischio" è il mio secondo nome.
– Il mio è Cornelio, ma se lo dici in giro ti strozzo.

da *L'ultimo boyscout – Missione: sopravvivere* (1991)

**Anjelica Houston/Morticia e Raul Julia/Gomez:**
– Immagina, tesoro, se Fester tornasse davvero... mezzo morto, a malapena umano, una carcassa in decomposizione.
– Non eccitarmi!

da *La famiglia Addams* (1991)

**Gwyneth Paltrow serve un hamburger a un cliente che tenta di abbordarla:**
– Ehi, bellezza, che fai quando non servi hamburger di mucca pazza qui dentro?
– Dunque, vediamo un po'. Mi alzo alle sette e trenta del mattino, preparo e consegno panini nel West End tutto il giorno, prima di venire qui intorno alle diciotto per finire a mezzanotte. Dopodiché se mi resta un po' di energia faccio un pompino al mio fidanzato. Ci vuole anche la maionese?

da *Sliding Doors* (1997)

**L'aviazione americana prepara la controffensiva dopo l'attacco alieno. Bill Smitrovich e Will Smith:**
– Vuole aggiungere qualcosa a quanto ho già detto, capitano Hiller?
– No, signore, sono solo un tantino ansioso di andare lassù a spaccare il culo a E.T.!

da *Independence Day* (1996)

**Emily, la sposa cadavere, osserva da un'altura la città dei morti:**
– È bellissima la vista da qui, mi toglie il fiato. Be', certo, se ce l'avessi!

da *La sposa cadavere* (2005)

**Il barista Ryan Robbins e Halle Berry/ Catwoman:**
– Che ti do, tesoro?
– White Russian, senza ghiaccio, senza vodka, senza kahlua.
– Crema di latte, liscia!

da *Catwoman* (2004)

**Totò:**
– La fotografia di mio padre stava in tutti i commissariati: era fotogenico.

da *La legge è legge* (1958)

**Tim Robertson:**
– Se prostituirsi significa affittare il proprio corpo, sposarsi significa venderlo.

da *E morì con un felafel in mano* (2001)

**Robin Williams a Peter Coyote, che sta morendo:**
– Se ti sotterrano culo all'aria, so dove parcheggiare la bici.

da *Patch Adams* (1998)

**Diane Keaton al marito morente Sol Frieder:**
– Sì, lo so, avrei potuto essere una moglie migliore, più carina, e fare l'amore con te un po' più spesso... almeno una volta.

da *Amore e guerra* (1975)

**Saluto ricorrente di Jim Carrey:**
– Casomai non vi rivedessi, buon pomeriggio, buonasera e buonanotte!

da *The Truman Show* (1998)

## LE MIGLIORI BATTUTE DI FRANKENSTEIN JUNIOR

**Lo studente Danny Goldman e il professore universitario Gene Wilder:**

– Io avrei una domanda, dottor Frankenstein.

– Si legge "Frankenstìn".

– Come, prego?

– Il mio nome, si pronuncia "Frankenstìn".

– Ma lei non è il nipote del famoso dottor Victor Frankenstein, della Transilvania, che andava nei cimiteri, disseppelliva cadaveri sotterrati da poco e trasformava organi morti...

– Sì! Sì! Sì! Lo sanno tutti che cosa faceva! Ma io preferisco essere ricordato per il mio contributo alla scienza, e non per la mia accidentale discendenza da un famoso... coglione!

**Gene Wilder legge, e poi commenta, il diario del nonno:**

– "Cambiare i poli da positivo a negativo, e da negativo a positivo. Io solo sono riuscito a scoprire il segreto di infondere la vita! Macché, anche di più! Io, proprio io, sono divenuto capace di animare nuovamente la materia inanimata"... SI PUÒ FARE!!!

**Lo studente Danny Goldman pone a Gene Wilder una domanda riguardo alla rianimazione di organi morti:**
– Non è forse esatto, allora, che Darwin conservò alcuni pezzi di vermicelli in una scatoletta e, per chissà quale causa straordinaria, essi cominciarono effettivamente a muoversi con movimenti volontari?
– Sta parlando di vermi o di... spaghetti?
– Ma di vermi, professore.
– Sì, mi sembra di aver letto qualcosa in proposito, quando ero studente. Ma tenga presente che un verme, con pochissime eccezioni, non è un essere umano...

**Marty Feldman e Gene Wilder:**
– Dottor Frankenstein?
– "Frankenstìn".
– Vuol prendermi in giro?
– No. Si pronuncia "Frankenstìn".
– Allora dice anche "Frederaick".
– No, Frederick.
– Be', perché non è "Frederaick Frankenstìn"?
– Non lo è: è Frederick Frankenstìn.
– Capisco.
– Tu devi essere Igor.
– No. Si pronuncia "Aigor"!

**Gene Wilder legge a Teri Garr il diario del nonno, con le indicazioni per costruire La Creatura:**
– "Dato che la minutezza delle parti rallentava notevolmente il mio lavoro, decisi di fare una creatura dalle dimensioni gigantesche". Ma certo! Questo semplificherebbe tutto!
– In altre parole, le vene, i piedi, le mani, tutti gli organi dovrebbero essere ingranditi.
– Esatto.
– Uh! Allora avrebbe un enorme *schwanzstuck*!!

**Teri Garr, Gene Wilder e Marty Feldman, in carrozza verso il lugubre maniero transilvano, e un minaccioso ululato lontano:**
– Lupu ulula.
– Lupululà?
– Là!
– Cosa?
– Lupu ululà e castello ululì!
– Ma come diavolo parli?
– È lei che ha cominciato.
– No, non è vero!
– Non insisto. È lei il padrone.

**La Creatura sembra davvero deficiente. Strano, il cervello dovrebbe appartenere al genio Hans Delbruck. Gene Wilder fa qualche domanda a Marty Feldman:**
– Dimmi, quel cervello che mi hai portato, era di Hans Delbruck?
– No.
– Ah! Bene. E... ti dispiacerebbe dirmi... di chi era il cervello che gli ho messo dentro?
– Non si arrabbierà, eh?
– No, no... non mi... arrabbierò.
– A.B... qualcosa.
– A.B. qualcosa? A.B. chi?
– A.B... NORME.
– A... B... NORME?
– Son quasi sicuro che era quello il nome.
– Ah. Ah... Vorresti dire che io ho messo un cervello ABNORME in un energumeno lungo due metri e venti e largo come un armadio a due ante?! Canagliaaa!!!

**Davanti a una porta misteriosa, Marty Feldman a Gene Wilder:**
– Aspetti, padrone, potrebbe essere pericoloso! Vada avanti lei.

**Gene Wilder e il gobbissimo servitore Marty Feldman:**
– Non voglio metterti in imbarazzo, ma sono un chirurgo di una certa bravura: potrei forse aiutarti con quella gobba.
– Quale gobba?

# INDICE DEI FILM

"10" (1979)

... Continuavano a chiamarlo Trinità (1971)
... E alla fine arriva Polly (2004)

100 ragazze (2000)
110 e frode (2002)
1997 Fuga da New York (1981)
2 single a nozze – Wedding Crashers (2005)
21 Grammi (2003)
50 volte il primo bacio (2004)

Abbasso l'amore – Down With Love (2003)
A che servono questi quattrini? (1942)
A/R Andata + ritorno (2004)
Ace Ventura – Missione Africa (1995)
Aereo più pazzo del mondo (L')(1980)
Aereo più pazzo del mondo... sempre più pazzo (L') (1982)
Agenzia Riccardo Finzi... praticamente detective (1979)
Alba dei morti dementi (L') (2004)
Albero delle pere (L') (1998)
All That Jazz – Lo spettacolo continua (1980)
All'inseguimento della pietra verde (1984)
Allenatore nel pallone (L') (1984)
Alta fedeltà (2000)
American Pie: il matrimonio (2003)
American Pie (1999)

American Pie 2 (2001)
Americano a Roma (Un) (1954)
Amici miei - Atto II (1982)
Amici miei - Atto III (1985)
Amore è eterno finché dura (L') (2004)
Amore e guerra (1975)
Animal Crackers (1930)
Animal House (1978)
Anything Else (2003)
Apocalypse Now (1979)
Appuntamento al buio (1987)
Arancia Meccanica (1971)
Arma letale 3 (1992)
Armageddon (1998)
Arriva la bufera (1993)
Arturo (1981)
Asso nella manica (L') (1951)
Asso pigliatutto (1952)
Austin Powers - Il controspione (1997)
Avvocato del diavolo (L') (1997)
Avvoltoi (Gli) (1948)

Baci rubati (1968)
Balle Spaziali (1987)
Barzellette (Le) (2004)
Batman - Il ritorno (1992)
Batman & Robin (1997)
Batman (1989)
Batman Begins (2005)
Batman Forever (1995)
Beavis e Butt-Head alla conquista dell'America (1996)

Bella di giorno (1967)
Bello, onesto, emigrato Australia sposerebbe compaesana illibata (1971)
Bianca (1984)
Bianco, rosso e Verdone (1981)
Bisbetica innamorata (La) (1936)
Blade (1998)
Blade Runner (1982)
Blues Brothers (The) (1980)
Botta di vita (Una) (1988)
Braveheart - Cuore impavido (1995)
Brian di Nazareth (1979)
Brivido caldo (1981)
Buddy Buddy (1981)
Burbero (Il) (1987)

C'era una volta il West (1968)
C'eravamo tanto amati (1974)
Cammelli (I) (1988)
Cani dell'altro mondo (2003)
Carbonara (La) (2000)
Casa stregata (La) (1982)
Casablanca (1942)
Casomai (2001)
Caterina va in città (2003)
Catwoman (2004)
Cavalieri del Nord-Ovest (I) (1949)
Cellular (2004)
Che ne sarà di noi (2004)
Che ora è (1989)
Che pasticcio, Bridget Jones! (2004)
Chi più spende... più guadagna (1985)

Chi si ferma è perduto (1960)
Ciao Pussycat (1965)
Ciclone (Il) (1996)
Classe operaia va in paradiso (La) (1971)
Clerks – Commessi (1994)
Cliffhanger (1993)
Club delle prime mogli (Il) (1996)
Com'è dura l'avventura (1987)
Come sposare un milionario (1953)
Come te nessuno mai (1999)
Commando (1985)
Congiuntura (La) (1964)
Constantine (2005)
Corpo da reato (Un) (2000)
Cruel Intentions (1999)

Dal tramonto all'alba (1996)
Danko (1988)
Daredevil (2003)
Dea dell'amore (La) (1995)
Delitto al ristorante cinese (1981)
Dellamorte Dellamore (1994)
Detective coi tacchi a spillo (1991)
Deuce Bigalow: puttano in saldo (2005)
Diario di Bridget Jones (Il) (2001)
Diavoli volanti (I) (1939)
Dillo con parole mie (2003)
Dittatore dello Stato libero di Bananas (Il) (1971)
Divorzio all'italiana (1962)
Dogma (1999)
Donna perfetta (La) (2004)

Donne hanno sempre ragione (Le) (1957)
Dopo mezzanotte (2004)
Doppia identità (1990)
Dormiglione (Il) (1973)
Dottor Stranamore, ovvero: come imparai a non preoccuparmi e ad amare la bomba (1964)
Dracula (1992)
Dredd – La legge sono io (1995)
Due amiche esplosive (2002)
Due figli di Ringo (I) (1966)
Due padri di troppo (1997)
Due pericoli pubblici (I) (1964)
Duplex – Un appartamento per tre (2003)

E morì con un felafel in mano (2001)
Ecce Bombo (1978)
Eccezzziunale... veramente (1982)
Ecco noi per esempio (1977)
Eclisse (L') (1962)
Effetto notte (1973)
Eraser – L'eliminatore (1996)

Fabbrica di cioccolato (La) (2005)
Fahrenheit 9/11 (2004)
Famiglia Addams (La) (1991)
Fandango (1985)
Fanfan La Tulipe (1951)
Fantasmi da Marte (2001)
Fantastici 4 (I) (2005)
Fantozzi (1975)
Fantozzi contro tutti (1980)
Fantozzi subisce ancora (1983)

Favoloso mondo di Amélie (Il) (2001)
Federale (Il) (1961)
Felicità non si compra (La) (1956)
Fichissimi (I) (1981)
Figaro qua... Figaro là ( 1950)
Fight Club (1999)
Finte bionde (Le) (1989)
Flintstones (I) (1994)
Forget Paris (1995)
Forrest Gump (1994)
Frankenstein Junior (1974)
Fratelli per la pelle (2003)
Full Metal Jacket (1987)
Furto è l'anima del commercio (Il) (1971)

Gallo cedrone (1998)
Gangs of New York (2002)
Garfield – Il film (2004)
Gemelli (I) (1988)
Ghost Dog – Il codice del samurai (1999)
Ghostbusters (1984)
Ghostbusters 2 (1989)
Gioielli di Madame de... (I) (1953)
Gioiello del Nilo (1985)
Giornata particolare (Una) (1977)
Giovani diavoli (1999)
Gladiatore (Il) (2000)
Goldeneye (1995)
Goonies (I) (1985)
Grand Hotel Excelsior (1982)
Grande freddo (Il) (1983)
Grande guerra (La) (1959)

Grande Lebowski (Il) (1997)
Grande sonno (Il) (1946)
Gremlins 2 – La nuova stirpe (1990)
Guardia, guardia scelta, brigadiere e maresciallo (1956)
Guerra lampo dei fratelli Marx (La) (1933)
Guerre stellari (1977)
Guerrieri della notte (I) (1979)

Hannah e le sue sorelle (1986)
Harley Davidson and the Marlboro Man (1991)
Harry a pezzi (1997)
Harry Potter e il prigioniero di Azkaban (2004)
Harry Potter e la pietra filosofale (2001)
Harry, ti presento Sally... (1989)
Hazzard (2005)
Heartbreakers – Vizio di famiglia (2001)
Highlander (1986)
Hitch – Lui sì che capisce le donne (2005)
Ho solo fatto a pezzi mia moglie (2000)
Hollywood Party (1968)
Hook (1992)
Hot Shots! (1991)

Iene – Cani da rapina (Le) (1992)
Il bi e il ba (1986)
Impero colpisce ancora (L') (1980)
Importanza di chiamarsi Ernest (L') (2002)
Incredibili (Gli) (2004)
Independence Day (1996)
Indiana Jones e il tempio maledetto (1984)
Indiana Jones e l'ultima crociata (1989)

Indiscreto (1958)
Indovina chi (2005)
Intoccabili (Gli) (1987)
Invasione degli ultracorpi (L') (1956)
Invito a cena con delitto (1976)
Io e Annie (1977)
Io sono un autarchico (1976)
Io, Chiara e lo Scuro (1982)
Island (The) (2005)
Ispettore Callaghan il caso Scorpio è tuo (1971)

Jay & Silent Bob... Fermate Hollywood! (2001)
Johnny Stecchino (1991)
Jurassic Park (1993)

Kill Bill – Vol. 2 (2004)

La sai l'ultima sui matti? (1982)
La sposa cadavere (2005)
Ladyhawke (1985)
Laureati (I) (1995)
Laws of Attraction – Matrimonio in appello (2004)
Legge è legge (La) (1958)
Liceale nella classe dei ripetenti (La) (1978)
Little Nicky (2000)
Love Actually (2003)

Ma quando arrivano le ragazze? (2005)
Madagascar (2005)
Mafia! (1998)
Maledizione della prima luna (La) (2003)
Man on Fire – Il fuoco della vendetta (2004)

Manchurian Candidate (The) (2004)
Mancia competente (1932)
Manhattan (1979)
Manhunter – Frammenti di un omicidio (1986)
Marcia su Roma (La) (1962)
Marito della parrucchiera (Il) (1990)
Marito... quasi perfetto (Un) (1996)
Matrimonio impossibile (2003)
Matrix (1999)
Matrix Reloaded (2003)
Melinda e Melinda (2004)
Men in Black II (2002)
Mezzogiorno e mezzo di fuoco (1974)
Million Dollar Baby (2004)
Mio amore con Samantha (Il) (1963)
Mio grosso grasso matrimonio greco (Il) (2002)
Miss Detective (2000)
Misterioso omicidio a Manhattan (1993)
Mistero del falco (Il) (1941)
Mondo senza pietà (Un) (1989)
Money (1989)
Monsieur Verdoux (1947)
Monty Python – Il senso della vita (1983)
Morte corre sul fiume (La) (1955)
Morte ti fa bella (La) (1992)
Mosca (La) (1986)
Mother (The) (2003)
Moulin Rouge! (2001)

Nati con la camicia (1983)
Ninotchka (1939)
Nomadi (1960)

Nome della rosa (Il) (1986)
Non sono un angelo (1933)
Non ti muovere (2004)
Nostro matrimonio è in crisi (Il) (2002)
Notte (La) (1960)
Notti della luna piena (Le) (1984)

O come Otello (2001)
Ombre e nebbia (1992)
Onorevoli (Gli) (1963)
Operazione sottoveste (1959)

Padre di famiglia (Il) (1967)
Padrino – Parte III (Il) (1990)
Padrino (Il) (1972)
Palle al balzo – Dodgeball (2004)
Pallottola spuntata (Una) (1988)
Pallottola spuntata 2 e 1/2 - L'odore della paura (Una) (1991)
Pallottola spuntata 33 e 1/3 – L'insulto finale (Una) (1994)
Pallottole su Broadway (1994)
Pane e cioccolata (1974)
Paradiso all'improvviso (Il) (2003)
Pari e dispari (1978)
Patch Adams (1998)
Pazza storia del mondo (La) (1981)
Per un pugno di dollari (1964)
Per un pugno nell'occhio (1965)
Pierino colpisce ancora (1982)
Pierino contro tutti (1981)
Pierino medico della S.A.U.B. (1981)

Pitch Black (2000)
Planet of Love – Galassie in collisione (1992)
Poliziotto alle elementari (Un) (1990)
Polvere di stelle (1973)
Porky's 3 – La rivincita (1985)
Pranzo della domenica (Il) (2003)
Pretty Woman (1990)
Prima o poi me lo sposo (1998)
Prima ti sposo poi ti rovino (2003)
Profumo di donna (1974)
Prova a prendermi (2002)
Provaci ancora, Sam (1972)
Pulp Fiction (1994)

Quattro matrimoni e un funerale (1994)
Quei bravi ragazzi (1990)
Quelle strane occasioni (1976)
Questo pazzo sentimento (1997)

Radiofreccia (1998)
Ragazzi del coro (I) (1977)
Ragazzi irresistibili (I) (1995)
Ragazzo di campagna (Il) (1984)
Rambo (1982)
Rambo 2 – La vendetta (1985)
Rapina (La) (2001)
Re per una notte (1983)
Ricchi ricchissimi praticamente in mutande (1982)
Ricomincio da tre (1981)
Ricordati di me (2003)

Ridere per ridere (1977)
Ritorno al futuro (1985)
Ritorno dello Jedi (Il) (1983)
Rivincita dei Nerds (La) (1984)
Rivincita delle bionde (La) (2001)
Roba da ricchi (1987)
Robin Hood – Un uomo in calzamaglia (1993)
Roger Dodger (2002)

S.P.Q.R. – 2000 e 1/2 anni fa (1994)
Sai che c'è di nuovo? (2000)
Sapore di mare (1983)
Sballato, gasato, completamente fuso (1982)
Scappo dalla città 2 (1994)
Scarface (1983)
Scary Movie 2 (2001)
Scary Movie 3 – Una risata vi seppellirà (2003)
Scemo & + scemo (1994)
Scuola (La) (1995)
Se mi lasci ti cancello (2004)
Secondo tragico Fantozzi (Il) (1976)
Sesso e potere (1997)
Sette anni in Tibet (1997)
Sette chili in sette giorni (1986)
Settimana bianca (La) (1980)
Seven (1995)
Shining (1980)
Shrek (2001)
Shrek 2 (2004)
Signora ha fatto il pieno (La) (1977)
Signore degli anelli – Le due torri (Il) (2002)
Signore e signori, buonanotte (1976)

Signori della truffa (I) (1992)
Signori, il delitto è servito (1985)
Silenzio degli innocenti (Il) (1991)
Sin City (2005)
Sliding Doors (1998)
Sognando la California (1992)
Soldatessa alle grandi manovre (La) (1978)
Soliti ignoti (I) (1958)
South Park – Il film (1999)
Spia e lascia spiare (1996)
Spider-Man (2002)
Squadra antifurto (1976)
Squadra antitruffa (1977)
Squalo (Lo) (1975)
Stanza del vescovo (La) (1977)
Star Trek (1979)
Stardust Memories (1980)
Storia di noi due (2000)
Strana coppia II (La) (1998)
Strategie del cuore (Le) (1992)
Super Size Me (2004)
Superman (1978)

Tassinaro (Il) (1983)
Team America: World Police (2004)
Tentazioni d'amore (2000)
Terapia d'urto (2003)
Terapia e pallottole (1999)
Terminator 2 – Il giorno del giudizio (1991)
Terminator 3 (2003)
Terza stella (La) (2005)

That's Amore – Due irresistibili seduttori (1995)
The Punisher (2004)
Ti amerò... fino ad ammazzarti (1990)
Top Secret! (1984)
Toro Scatenato (1980)
Totò e le donne (1952)
Totò le Mokò (1949)
Totò, lascia o raddoppia? (1958)
Tram che si chiama desiderio (Un) (1951)
Travolti da un insolito destino nell'azzurro mare d'agosto (1974)
Tre metri sopra il cielo (2004)
Tre uomini e una gamba (1997)
Troppo forte (1986)
Truman Show (The) (1998)
Tu la conosci Claudia? (2004)
Turco napoletano (Un) (1953)
Tutti dicono I love you (1996)
Tutti pazzi per Mary (1998)
Tutto può succedere (2003)
Tutto quello che avreste voluto sapere sul sesso ma non avete mai osato chiedere (1972)
Tuttobenigni (1986)
Tuttobenigni 95/96 (1995)
Two Weeks Notice – Due settimane per innamorarsi (2002)

Uccellacci e uccellini (1966)
Ultimo bacio (L') (2001)
Ultimo boy scout (1991)
Ultimo tango a Parigi (1972)

Ultrà (1991)
Una donna e una canaglia (1973)
Undead (2003)
Uomini preferiscono le bionde (Gli) (1953)
Uomo del treno (L') (2002)
Uomo senza sonno (L') (2004)

Vampires (1998)
Van Helsing (2004)
Vesna va veloce (1996)
Via col vento (1939)
Viaggi di nozze (1995)
Viale al tramonto (1950)
Vieni avanti cretino (1982)
Vita difficile (Una) (1961)
Viuuulentemente mia (1982)
Voglia matta (La) (1962)
Voglio danzare con te (1937)

Wyatt Earp (1994)

X-Men 2 (2003)

Yuppies – I giovani di successo (1986)
Zelig (1983)
Zombi (1978)